Friedrich Frederichs

Der phaenomenale Idealismus Berkeleys und Kants

Friedrich Frederichs

Der phaenomenale Idealismus Berkeleys und Kants

ISBN/EAN: 9783744600095

Hergestellt in Europa, USA, Kanada, Australien, Japan

Cover: Foto ©ninafisch / pixelio.de

Weitere Bücher finden Sie auf **www.hansebooks.com**

Der phaenomenale Idealismus Berkeley's und Kant's.

In dem Programme vom vorigen Jahre habe ich eine Darstellung des sogenannten Idealismus Berkeley's gegeben und die Missverständnisse zu bekämpfen gesucht, welche jene Lehre von Anfang an gefunden hat. Bei mehreren Punkten zeigte es sich, dass namentlich die Kant'sche Polemik wider Berkeley auf einer missverständlichen Auffassung seiner Lehre beruhte, und ich versprach, davon den Nachweis zu liefern. Dies soll nun in dieser Abhandlung geschehen und zwar in folgender Weise: Ich werde zunächst zur Ergänzung der früheren Darstellung noch auf einige Hauptpunkte hinweisen, woraus die gleiche Grundanschauung Berkeley's und Kant's, was die phaenomenale Natur der Sinnenwelt betrifft, klar hervorgehen wird. Sodann wird eine kritische Darstellung der Polemik, welche Kant gegen den skeptischen wie dogmatischen Idealismus von seinem transcendentalen Idealismus aus erhebt, folgen. Daraus wird man Kant's Missverständnisse der Berkeley'schen Lehre, aber auch wiederum die Uebereinstimmung beider Denker in den Grundprincipien erkennen. Da aber beide, wenn auch von gleichen Principien ausgehend, doch späterhin verschiedene Wege einschlagen, um die Welt der Erscheinungen zu erklären, so liegt es uns ob, genau die Grenze anzugeben, bis zu welcher sie zusammengehen. Dies führt uns dann am Schlusse zu einer Darstellung und Beleuchtung der Hauptdifferenzpunkte zwischen der idealistischen Doctrin Berkeley's und der Kant's. Beide Abhandlungen, die vorigjährige wie die diesjährige, werden, wie ich glaube, das erreichen, dass Berkeley's Lehre und ihr Verhältniss zu Kant's kritischem Idealismus fortan eine richtigere Beurtheilung als bisher finden werden.

Bevor ich zur Sache selbst gehe, möge es mir gestattet sein, noch kurz des Streites über Berkeley's Lehre Erwähnung zu thun, der bis jetzt noch immer fortgedauert hat. Die in der Fichte'schen Zeitschrift B. 57 H. 1 von Collyns Simon gegebene Darstellung der Hauptpunkte derselben und die damit verbundene Polemik gegen Ueberweg und dessen Doctrin hat Ulrici mit einigen Bemerkungen begleitet, in welchen die Behauptung aufgestellt wird, Berkeley's Lehre habe deshalb so wenig Anklang gefunden, weil sie im Grunde nichts vor der „gemeinen Ansichtsweise" voraus habe. Die Richtigkeit dieser Behauptung bestreitet, wie mir scheint, mit Recht, wenn auch nicht in recht überzeugender Weise R. Hoppe in B. 58 H. 1 derselben Zeitschrift, wogegen sich Ulrici ebendaselbst vertheidigt. Auf die in meinem Programm erwähnte weitere Darstellung der Lehre durch Collyns Simon und auf die Beurtheilung der Ueberweg'schen Kritik in den Anmerkungen zu der Uebersetzung der Princ. d. m. E. durch Hoppe und Schuppe hat Ueberweg in den Philos. Monatsh., B. 5 H. 5 1870 geantwortet. Collyns Simon hatte die Ueberweg'sche Uebersetzung für ungenügend erklärt, eine Behauptung, die Ueberweg mit Recht als unbegründet zurückweist, indem er zugleich Collyns Simon bemerklich macht, dass dieselbe mit früheren Aeusserungen über seine Uebersetzung im Widerspruch stehe. Das freilich wird man, wie ich glaube, einräumen müssen, dass die Uebersetzung einer philosophischen Doctrin von einem congenialen und mit den darin niedergelegten Anschauungen übereinstimmenden Uebersetzer eine treuere und richtigere Wiedergabe des Ganzen bieten wird, als diejenige, welche von einem Gegner der Lehre mit der ausgesprochenen Absicht unternommen wird, dieselbe in den meisten Punkten einer widerlegenden Kritik zu unterwerfen. In jener Erwiederung wird Schuppe von Ueberweg etwas obenhin behandelt, was denselben veranlasst hat, in den Phil. Heft. B. VI. H. 5 1870/71 Ueberweg in einem höchst gereizten Tone zu antworten. Noch in dem so eben, im Juli, erschienenen Hefte der Ficht. Zeitschrift B. 59 ist von Ueberweg ein kurzes Schlusswort über Berkeley an Collyns Simon; ebendaselbst befindet sich von Hoppe eine „Berichtigung einiger Angaben in Ulrici's Vertheidigung", der Ulrici eine „Berichtigung der angeblichen Berichtigung" entgegensetzt. Damit wird nun wohl der Streit einstweilen beendigt sein. Weil in demselben die Angriffe gegen Berkeley meistens an Stellen erfolgten, wo er nicht so leicht oder vielleicht gar nicht anzugreifen ist, so haben auch die Erörterungen für die Verständigung über die dabei in Frage kommenden Probleme so gut wie gar kein Resultat gehabt. — Noch müssen wir aufmerksam machen auf eine ausführliche Analyse und Beurtheilung der Berkeley'schen Schriften und zwar von dem im Titel des Werkes angedeuteten Standpunkt aus durch Baumann. „Die Lehren von Raum, Zeit und Mathematik in der neueren Philosophie nach ihrem ganzen Einfluss dargestellt und beurtheilt." Berlin 1869. Vergl. B. II. 348—480 über Berkeley. Baumann misst der Berkeley'schen Lehre mit Recht eine grosse Bedeutung für die Geschichte der Wissenschaften in dem angedeuteten Sinne bei. Er meint, seinen Hauptfeind habe Berkeley in der mathematischen Naturwissenschaft gesehen; darum habe er diese in allen ihren wichtigsten Sätzen bekämpft. „Wegen dieses Kampfes hat Berkeley für unsere Fragen ein so bedeutendes Interesse; denn er hat ihn geführt, zwar vergeblich nach dem, was wir gesehen haben, aber mit nicht geringem Geschick, und nicht, ohne dass ihm die Lehren, die er bestritt, geeignete Angriffspunkte boten". S. 480. — Endlich führe ich noch an, dass die seit geraumer Zeit erwartete Gesammtausgabe der Berkeley'schen Schriften von Fraser nunmehr erschienen ist. „G. Berkeley's Works, including unpublished Writings, with Prefaces, Notes etc. Edited by Alexander Fraser. 4 vols. Clarendon Press, London 1871."

I. Die gleiche idealistische Grundanschauung Berkeley's und Kant's.

Nach Berkeley sind die sogenannten primären Qualitäten der Sinnesobjecte ganz eben so subjectiver Natur wie die secundären Eigenschaften. Die Gegenstände der sinnlichen Anschauung sind Ideen, d. h. Erscheinungen für den wahrnehmenden Geist. Mit dieser Auffassung von der Sinnenwelt stimmt Kant eingestandenermassen vollständig überein. „Dass man unbeschadet der wirklichen Existenz äusserer Dinge von einer Menge ihrer Prädicate sagen könne: sie gehörten nicht zu diesen Dingen an sich selbst, sondern nur zu ihren Erscheinungen und hätten ausser unserer Vorstellung keine eigene Existenz, ist Etwas, was schon lange vor Locke's Zeiten, am meisten aber nach diesen, allgemein angenommen und zugestanden ist. Dahin gehören die Wärme, die Farbe, der Geschmack etc. Dass ich aber noch über diese, aus wichtigen Ursachen, die übrigen Qualitäten der Körper, die man primarias nennt, die Ausdehnung, den Ort und überhaupt den Raum, mit allem, was ihm anhänglich ist (Undurchdringlichkeit oder Materialität, Gestalt u. s. w.), auch mit zu blossen Erscheinungen zähle, dawider kann man nicht den mindesten Grund der Unzulässigkeit anführen, und so wenig wie der, welcher die Farben nicht als Eigenschaften, die dem Object an sich selbst, sondern nur dem Sinn des Sehens als Modificationen anhängen, will gelten lassen, darum ein Idealist heissen kann, so wenig kann mein Lehrbegriff idealistisch heissen, bloss deshalb, weil ich finde, dass noch mehr, ja alle Eigenschaften, die die Anschauung eines Körpers ausmachen, bloss zu seiner Erscheinung gehören." Kant W. Rosenkr. III. 46. Wenn also Kant darin mit Berkeley vollständig übereinstimmt, dass alle sogenannten Eigenschaften körperlicher Dinge Erscheinungen oder unsere Vorstellungen sind, so herrscht auch darin zwischen beiden Uebereinstimmung, dass in den äusseren Erscheinungen nicht etwa wie eine qualitas occulta das Ding an sich steckt oder dass denselben eine Substanz zu Grunde liege als das Substrat der Eigenschaften. Denn diese ganze Substanztheorie ist aus einer Anschauung entsprungen, welche der Berkeley'schen wie Kant'schen Doctrin direct entgegensteht. So lange man, sagt Berkeley (Princ. of h. K. s. 73; vergl. sect. 17), die Qualitäten oder Accidenzen der Aussendinge unabhängig von unserer Wahrnehmung und realiter existirend annahm, da erschien es nothwendig, irgend ein nicht denkendes Substrat oder eine Substanz vorauszusetzen, worin sie existirten, da man sich nicht denken konnte, dass sie für sich existirten. Allmählich liess man nur noch gewisse Qualitäten an sich bestehen, für die man aber noch immer eines materiellen Trägers bedurfte. Wir, fährt B. fort, sind zu der Einsicht gekommen, dass alle Accidenzen nur im wahrnehmenden Geiste existiren, und da bedürfen wir nicht mehr der Annahme einer todten, materiellen Substanz, die als Substrat der Erscheinungen, als Ursache derselben, als Ding an sich undenkbar ist. Während also Berkeley die transcendentale Substanz aufhob als eine selbstgemachte Schwierigkeit, erhob Kant den überkommenen Begriff der Substantialität zu einer Relations-Kategorie. Sehen wir vorläufig davon ab, ob eine solche Verhältniss-Kategorie nach der idealistischen Erkenntnisstheorie überhaupt möglich ist, so kommt Kant mit Berkeley, wenn es sich um die materielle Substanz handelt, darin überein, dass diese nur als substantia phaenomenon zu fassen ist. Dies erklärt Kant ausdrücklich unter andern in der ersten Analogie der Erfahrung. (K. W. Rosenkr. II. 156). „Alle Erscheinungen enthalten das Beharrliche (Substanz) als den Gegenstand selbst, und das Wandelbare als dessen blosse Bestimmung, d. i. eine Art, wie der Gegenstand existirt." Dies ist eine Definition der Substantialität vom idealistischen Standpunkte aus, aber kein Grundsatz, daher Kant mit Recht den „Grundsatz der Beharrlichkeit" in der 2. Ausgabe (II. 766) in einen wirklichen Grundsatz verwandelt hat. „Bei allem Wechsel der Erscheinungen beharrt die Substanz, und das Quantum derselben wird in der Natur weder vermehrt noch vermindert." Dass die Kategorie der Substanz in ihrer Anwendung auf die Materie diese nur als Erscheinung begreift, geht ja auch schon daraus hervor, dass alle Kategorien nur mittelst der sinnlichen Anschauungsform der Zeit, mittelst des Zeitschemas, angewendet werden können. „Das Schema der Substanz ist die Beharrlichkeit des Realen in der Zeit." II. 127.

Die materielle Substanz besteht bei Kant ebenso wie bei Berkeley aus lauter Accidenzen. „Die inneren Bestimmungen einer substantia phaenomenon im Raume sind nichts als Verhältnisse, und sie selbst ganz und gar ein Inbegriff von lauter Relationen. Die Substanz im Raume kennen wir nur durch Kräfte, die in demselben wirksam sind, entweder andere dahin zu treiben (Anziehung) oder andere vom Eindringen in ihn abzuhalten (Zurückstossung und Undurchdringlichkeit). Andere Eigenschaften kennen wir nicht, die den Begriff von der Substanz, die im Raume erscheint, und die wir Materie nennen, ausmachen." II. 218. „Die Materie ist substantia phaenomenon. Was ihr innerlich zukomme, suche ich in allen Theilen des Raumes, den sie einnimmt, und in allen Wirkungen, die sie ausübt, und die freilich nur immer Erscheinungen äusserer Sinne sein können. Ich habe also zwar nichts schlechthin, sondern lauter comparativ Innerliches, das selber wiederum aus äusseren Verhältnissen besteht. Allein das schlechthin, dem reinen Verstande nach, Innerliche der Materie ist auch eine blosse Grille" u. s. w. II. 226. Ebenso heisst es in den Proleg. §. 46. III. 102, das Substantiale, was nämlich übrig bleibt, nachdem alle Accidenzen (Prädicate) abgesondert worden, sei eine blosse Idee, wir könnten dasselbe gar nicht erkennen, weil wir Alles nur discursiv d. i. durch Begriffe, mithin auch durch lauter Prädicate, wozu also das absolute Subject jederzeit fehlen müsse, denken. „Daher sind alle realen Eigenschaften, dadurch wir Körper erkennen, lauter Accidenzen, sogar die Undurchdringlichkeit, die man sich immer nur als die Wirkung einer Kraft vorstellen muss, dazu uns das Subject fehlt." Diese Stellen mögen genügen, zu zeigen, dass bei Kant die Accidenzen nicht etwas von der Substanz generell Verschiedenes, nichts Ungleichartiges sind, sondern dass das Wandelbare oder Veränderliche nur die Daseinsarten der erscheinenden Substanz selbst sind. In diesem Sinne sagt Kant, II. 160: „Da der Wechsel des Zustandes alles dessen, was sich verändert, nur die Bestimmungen trifft, die aufhören oder auch anheben können, so können wir in einem etwas paradox scheinenden Ausdruck sagen: nur das Beharrliche (die Substanz) wird verändert, das Wandelbare leidet keine Veränderung, sondern einen Wechsel, da einige Bestimmungen aufhören und andere anheben." Ungeachtet nun bei Kant, wenn von der materiellen Substanz die Rede ist, nirgends ein bestimmtes Verhältniss derselben zu deren Accidenzen angegeben wird und es auch nach der idealistischen Erkenntnisstheorie ein solches gar nicht geben kann, so hat Kant in seiner Kategorientafel doch die Substantialität als eine Verhältniss-Kategorie aufgestellt, die sich aus der kategorischen Urtheilsform ergeben und durch das Zeitschema auf die Erscheinungen angewendet werden soll. Kant fühlte den Widerspruch; denn er gesteht selbst ein: „Wenn man dem Realen (der Accidenzen) an der Substanz ein besonderes Dasein beilegt (z. B. der Bewegung, als einem Accidenz der Materie), so nennt man dieses Dasein die Inhaerenz, zum Unterschiede vom Dasein der Substanz, die man Subsistenz nennt. Allein hieraus entspringen viele Missdeutungen, und es ist genauer und richtiger geredet, wenn man das Accidenz nur durch die Art, wie das Dasein einer Substanz positiv bestimmt ist, bezeichnet. Indessen ist es doch, vermöge der Bedingungen des logischen Gebrauches unsers Verstandes unvermeidlich, dasjenige, was im Dasein einer Substanz wechseln kann, indessen dass die Substanz bleibt, gleichsam (?) abzusondern, und in Verhältniss auf das eigentliche Beharrliche und Radicale zu betrachten; daher denn auch diese Kategorie unter dem Titel der Verhältnisse steht, mehr als die Bedingung derselben, als dass sie selbst ein Verhältniss enthielte." II. 160.

Mit diesem Eingeständniss hebt Kant, genau genommen, die Substantialität als eine Relationskategorie auf; es kann auch, wie gesagt, nach der idealistischen Erkenntnisstheorie ein solches Verhältniss von Accidenzen und einem denselben zu Grunde liegenden Substrat als materieller Substanz nicht geben. Denn wenn die Sinnesobjecte unsere Vorstellungen sind, so kann in ihnen nur das enthalten sein, was in unsern Vorstellungen ist, und da wissen wir immer nur von einer Summe von Eigenschaften, welche das Ding constituiren; das Innerliche der Erscheinungen des äusseren Sinnes etwa als qualitas occulta an sich ist ja nach Kant auch eine blosse Grille. Die Grundsätze, welche Kant aus dieser Kategorie der Substantialität herleitet, beziehen sich auch nur auf die Substanz als Erscheinung, nicht auf die Substantialität als ein Verhältniss innerhalb der materiellen Welt. Und diese Grundsätze, dass die Substanz, d. i. die Materie, ewig beharrt, dass das Quantum derselben weder vermehrt noch vermindert wird, und die damit zusammenhängenden Sätze: „gigni de nihilo nihil; in nihilum nihil posse reverti" sind Wahrheiten, welche sich nach meiner Meinung einfach aus dem Satz des Widerspruchs ergeben. Ueberdies würde ohne das Beharren der Substanz eine Einheit der Erfahrung nicht möglich sein. Die materielle Substanz an sich, als Träger der Eigenschaften der Körper, wie dieser Begriff sich in der Cartesianischen Schule entwickelt hatte, ist ein hypostasirtes Abstractum, wogegen sich sowohl Berkeley wie Kant wenden. Beide kennen nur Substanzen als die Erscheinungen selber, welche aus lauter sinnlichen Qualitäten bestehen, deren Summe sie bilden. Darum ergiebt sich auch bei Kant, nachdem er, ungeachtet seiner Theorie von den Sinnesobjecten als unseren Vorstellungen, dennoch die **Substantialität** als eine Relationskategorie einmal aufgestellt hatte, wenn es darauf ankommt, unter diese Kategorie mittelst des Zeitschemas Erscheinungen zu subsumiren, ein ziemlich nichtssagendes Resultat. Das Recept nämlich, welches Kant dafür giebt, lautet: wenn ich unter die Kategorie der Substanz den Begriff eines Körpers bringe, so wird bestimmt, dass seine empirische Anschauung in der Erfahrung immer nur als Subject, niemals als blosses Prädicat betrachtet werden dürfe. Daher erläutert Erdmann, Gesch. d. Phil. II. 332, die Anwendung der Substantialitäts-Kategorie durch ein Beispiel von Meerwasser und Wellen. Das erstere müssen wir als Substanz, die letzteren als Accidentien ansehen, und nicht umgekehrt. Ebenso sagt Kant selbst, durch diese Kategorie würde das Verhältniss der beiden Begriffe im Urtheil, z. B. der Stein ist hart, als im Object bestimmt gedacht. Das kommt denn schliesslich auf das hinaus, was wir im gewöhnlichen Leben das Ding mit seinen Eigenschaften nennen, wie denn auch Schopenhauer W. a. W. u. V. I. 581 richtig sagt: „Substanz und Accidenz gehören der anschaulichen Welt und ihrer Apprehension im Verstande an, finden sich daselbst aber nur als identisch mit Materie und Form oder Qualität." Im Grunde ist die Substantialitäts-Kategorie nur eine versteckte Causalitäts-Kategorie. Kant selbst verwandelt sie darin, so dass sie ganz überflüssig wird, weshalb auch Schopenhauer nur diese eine Relations-Kategorie gelten lässt. Kant sagt, die Substanz schiene sich besser und leichter durch Handlung zu offenbaren. „Wo Handlung, mithin Thätigkeit und Kraft ist, da ist auch Substanz, und in dieser allein muss der Sitz jener fruchtbaren Quelle der Erscheinungen gesucht werden." „Handlung bedeutet schon das Verhältniss des Subjects der Causalität zur Wirkung. Weil nun alle Wirkung in dem besteht, was da geschieht, mithin im Wandelbaren, was die Zeit der Succession nach bezeichnet: so ist das letzte Subject desselben das Beharrliche, als das Substratum alles Wechselnden, d. i. die Substanz." „Dass das erste Subject der Causalität alles Entstehens und Vergehens selbst nicht (im Felde der Erscheinungen) entstehen und vergehen könne, ist ein sicherer Schluss, der auf empirische Nothwendigkeit und Beharrlichkeit im Dasein, mithin auf den Begriff einer Substanz als Erscheinung, ausläuft." II. 173—174. So sehen wir, wie die Inhaerenz in Dependenz oder Consequenz zerflossen ist. Das Substrat der Erscheinungen ist die ursächliche Kraft, die ebenso wie der Stoff beharrt.

Substanzen sind die Sinnesobjecte, die realen Dinge im Raume als Erscheinungen, welche wieder aus einer Summe erscheinender Qualitäten bestehen. So lehrt Berkeley sowohl wie Kant, und beide leugnen eine unabhängig vom Geiste existirende Materie an sich. Das Sein der Dinge ist ihr Wahrgenommenwerden: esse = percipi. Diesen viel angefochtenen Satz hat Kant fast mit denselben Worten: „Alle äussere Wahrnehmung [beweist unmittelbar etwas Wirkliches im Raume, oder] ist vielmehr das Wirkliche selbst." II. 300. „Die Wirklichkeit im Raume, als einer blossen Vorstellung, ist nichts anderes als die Wahrnehmung selbst." Ebendas. „Uns ist wirklich nichts gegeben, als die Wahrnehmung und der empirische Fortschritt von dieser zu anderen möglichen Wahrnehmungen. Denn an sich selbst sind die Erscheinungen, als blosse Vorstellungen, nur in der Wahrnehmung wirklich, die in der That nichts anderes ist, als die Wirklichkeit einer empirischen Vorstellung, d. i. Erscheinung. Vor der Wahrnehmung einer empirischen Vorstellung ein wirkliches Ding nennen, bedeutet entweder, dass wir im Fortgange der Erfahrung auf eine solche Wahrnehmung treffen müssen, oder es hat gar keine Bedeutung." II. 390. „Was mit den materialen Bedingungen der Erfahrung (der Empfindung) zusammenhängt, ist wirklich."

11. 1S2. Und ebenso: „Was mit einer Wahrnehmung nach empirischen Gesetzen zusammenhängt, ist wirklich." II. 301. „Was mit den formalen Bedingungen der Erfahrung (der Anschauung und den Begriffen nach) übereinkommt, ist möglich." Ganz ebenso wie Kant hier das Gebiet des Wirklichen und Möglichen, was die Erscheinungswelt betrifft, begrenzt, thut dies auch Berkeley. Denn nach ihm ist keineswegs nur das unmittelbar Wahrgenommene wirklich, sondern auch das mittelbar aus Wahrnehmungen Erschlossene. Wollte man mir, äussert sich Berkeley, den Einwurf machen, dass nach meiner Theorie die Bewegung der Erde nicht möglich sei, so müsste ich denselben als ein Missverständniss meiner Lehre zurückweisen. Die Astronomen, sagt er, haben aus bestimmten Beobachtungen und Berechnungen den Schluss gemacht, dass sich die Erde bewege. Nun würden wir auch wirklich diese Bewegung unmittelbar wahrnehmen, wenn es möglich wäre, dass wir in einer bestimmten Stellung und Entfernung von Erde und Sonne wären, von der aus wir die Erde unter den übrigen Planeten sich bewegen sehen könnten. Sect. 58. 59. Ebenso heisst es Dial. II. 277: „Dass von einer Ursache, Wirkung, Thätigkeit, Zeichen oder sonst einem Umstande vernünftigerweise auf das Dasein eines nicht unmittelbar wahrgenommenen Dinges geschlossen werden kann, und dass es absurd wäre für Jemand, gegen die Existenz eines Dinges zu streiten, weil er keine directe und positive Kunde davon hat, das versteht sich von selbst." Ganz dem entsprechend äussert sich auch Kant noch an einer Stelle: „Es sind die Gegenstände der Erfahrung niemals an sich selbst, sondern nur in der Erfahrung gegeben und existiren ausser derselben gar nicht. Dass es Einwohner im Monde geben könne, ob sie gleich kein Mensch jemals wahrgenommen hat, muss allerdings eingeräumt werden, aber es bedeutet nur so viel, dass wir in dem möglichen Fortschritt der Erfahrung auf sie treffen könnten." II. 389. 390. „Es ist im Ausgange ganz einerlei, ob ich sage, ich könne im empirischen Fortgange im Raume auf Sterne treffen, die hundertmal weiter entfernt sind, als die äussersten, die ich sehe: oder ob ich sage, es sind vielleicht deren im Weltraum anzutreffen, wenn sie gleich niemals ein Mensch wahrgenommen hat, oder wahrnehmen wird; denn wenn sie gleich als Dinge an sich selbst, ohne Beziehung auf mögliche Erfahrung, überhaupt gegeben wären, so sind sie doch für mich nichts, mithin keine Gegenstände, als so ferne sie in der Reihe des empirischen Regressus enthalten sind." II. 392. Ich füge nun noch hinzu, dass beide Denker sich in ähnlicher Weise dagegen verwahren, dass man das, was sie Erscheinungen, Phaenomena, nennen, die wirklichen realen Dinge im Raume, als Schein auffasse. Kant erklärt, Erscheinung und Schein dürfe nicht für einerlei gehalten werden. „Denn Wahrheit oder Schein sind nicht im Gegenstande, so ferne er angeschaut wird, sondern im Urtheil über denselben, so ferne er gedacht wird. Man kann also zwar richtig sagen: dass die Sinne nicht irren, aber nicht darum, weil sie jederzeit richtig urtheilen, sondern weil sie gar nicht urtheilen. Daher sind Wahrheit sowohl als Irrthum, mithin auch der Schein, als die Verleitung zum letzteren, nur im Urtheile, d. i. nur im Verhältniss des Gegenstandes zu unserem Verstande anzutreffen." II. 238—239. „Den Gang der Planeten stellen uns die Sinne bald rechtläufig, bald rückläufig vor, und hierin ist weder Falschheit noch Wahrheit, weil, so lange man sich bescheidet, dass dieses vorerst nur Erscheinung ist, man über die objective Beschaffenheit ihrer Bewegung noch gar nicht urtheilt. Weil aber, wenn der Verstand nicht wohl darauf Acht hat, zu verhüten, dass diese subjective Vorstellungsart für objectiv gehalten werde, leichtlich ein falsches Urtheil entspringen kann, so sagt man: sie scheinen zurückzugehen; allein der Schein kommt nicht auf Rechnung der Sinne, sondern des Verstandes, dem es allein zukommt, aus der Erscheinung ein objectives Urtheil zu fällen." Proleg. III. 48. Ganz ähnlich sagt Berkeley, Dial. III. 291, in den unmittelbaren, actuellen sinnlichen Wahrnehmungen läge keine Täuschung, sondern in den Schlüssen, welche wir von den gegenwärtigen Perceptionen machen,

also im verkehrten Urtheil (wrong judgment). Er führt das Beispiel an von dem Ruder, das Jemand im Wasser gebrochen sieht. „Thus, in the case of the oar, what he immediately perceives by sight, is certainly crooked, and so far he is in the right; but if he thence conclude, that, upon taking the oar out of the water, he shall perceive the same crookedness, or that it would affect his touch, as crooked things are wont to do, in that he is mistaken." Dass nach der der idealistischen Theorie entgegengesetzten Annahme von wirklichen an den Dingen haftenden Qualitäten an sich die Consequenz sich ergebe, dass die ganze Sinnenwelt in Schein verwandelt werde, darauf weisen mehrfach beide Denker hin.

Nach dem Bisherigen kann kein Zweifel mehr darüber sein, dass Berkeley und Kant von der gleichen Grundanschauung hinsichtlich der phaenomenalen Natur der Körperwelt ausgehen. Dies haben allerdings nur wenige anerkannt, ausser Kuno Fischer aber als gewichtige Autorität Schopenhauer. „Die Welt ist Vorstellung. Neu ist diese Wahrheit keineswegs. Sie lag schon in den skeptischen Betrachtungen, von welchen Kartesius ausging. Berkeley aber war der erste, welcher sie entschieden aussprach: er hat sich dadurch ein unsterbliches Verdienst um die Philosophie erworben." W. a. W. u. V. I. 4. „Jenen wichtigen Satz („kein Object ohne Subject") hatte bereits Berkeley, gegen dessen Verdienst Kant nicht gerecht ist, zum Grundstein seiner Philosophie gemacht und dadurch sich ein unsterbliches Andenken gestiftet, obwohl er selbst nicht die gehörigen Folgerungen aus jenem Satze zog und sodann theils nicht verstanden, theils nicht genugsam beachtet wurde." Ebend. 514. „Kant hat mit eben der Entschiedenheit (in der I. Aufl.) wie Berkeley und ich, die in Raum und Zeit vorliegende Aussenwelt für blosse Vorstellung des sie erkennenden Subjects erklärt." 515. — Wenn nun gleichwohl Kant sich in einen entschiedenen Gegensatz zu Berkeley stellt, so kann das nur aus einer missverständlichen Auffassung seiner Lehre hervorgegangen sein, wie ich jetzt nachweisen werde. Da er aber den Idealismus, wie er seit Descartes sich bildete, überhaupt bekämpft, so müssen wir seine ganze Polemik darüber einer Kritik unterziehen.

II. Kant's Polemik wider den sogenannten skeptischen und dogmatischen Idealismus.

Nach der gewöhnlichen dogmatischen Anschauung, welche Kant (II. 310) treffend bestimmt, sind die Dinge ausser uns „wahrhafte unabhängig von uns bestehende Gegenstände." Die äusseren Erscheinungen werden nicht als Vorstellungen zum Subject gezählt, sondern sie werden, so wie die sinnliche Anschauung sie uns liefert, ausser uns als Objecte versetzt und von dem denkenden Subject gänzlich abgetrennt. Die Vorstellungen von diesen Objecten sind Wirkungen in uns und zwar im Verhältniss der Originale zu deren Copien. Diese Theorie führt geradeswegs zum Skepticismus, zum Zweifel, ob wirklich Dinge ausser uns existiren oder ob nicht die ganze äussere Erscheinungswelt lauter Schein oder ein Traum sei. Diese Zweifel erhob Descartes, freilich, um sie hinterher in seiner Weise zu lösen. Vergl. Progr. S. 30. Die Descartes'sche Lösung genügt nicht; die Zweifel kehren wieder, so lange man dieselben dogmatischen Voraussetzungen von den Aussendingen behält. So lange man, sagt Berkeley, annahm, dass reale Dinge ausserhalb des Geistes wären, und dass ihre Kenntniss nur insoweit wirklich sei, als sie den wirklichen Dingen conform wäre, so konnte man nicht gewiss sein, ob man überhaupt irgend eine wirkliche Erkenntniss von ihnen besitze. Denn wie kann man die Uebereinstimmung wissen? Sect. 86. Und ferner in offenbarem Hinblick auf Descartes sagt er ganz ähnlich wie Kant: „So lange wir undenkenden Dingen eine reale Existenz zuschreiben, welche von ihrem Wahrgenommenwerden verschieden ist, ist es

ns nicht blos unmöglich, mit Evidenz die Natur irgend eines wirklichen, undenkenden Seienden zu e
ennen, sondern sogar, dass es existire. Daher kommt es, dass wir Philosophen ihren Sinnen misstraue
nd an dem Dasein von Himmel und Erde, von jeglichem Ding, das sie sehen und fühlen, ja an ihrer
igenen Körper zweifeln sehen. Und nach all' ihrer mühevollen Gedankenarbeit sind sie gezwungen
inzugestehen, dass wir zu gar keiner an sich evidenten, durch Beweise gesicherten Erkenntniss sinn
illiger Dinge gelangen können." Sect. 88. Diesem skeptischen Idealismus machte der phaenomenal
dealismus ein Ende. Es ist eins der Hauptziele, welche Berkeley verfolgt, jene skeptische Anschauungs
eise durch eine gesunde Theorie zu beseitigen, und er sucht dies, wie wir gesehen haben, dadurch z
rreichen, dass er einmal das Ungereimte nachweist, welches in der Annahme liegt, dass wir die Ursache
nserer Vorstellungen empfinden und wahrnehmen, und dann durch den Nachweis, dass die Dinge ode
ire Qualitäten nur im wahrnehmenden Geiste existiren, dass Idee und Sinnesobject identisch ist, das
ir also von den Dingen ausser uns eine eben so unmittelbare Gewissheit haben, wie von unserem eigene
:h, dass es also eines Schlusses auf die Realität der Aussendinge gar nicht bedarf; gerade diese mittel
are Gewissheit ist die Quelle alles Skepticismus. „I do assert, that I am as certain as of my ow
eing, that there are bodies, or corporeal substances." Dial. III. „Away, then, with all that skepticisn
ll those ridiculous philosophical doubts. What a jest is it for a philosopher to question the existenc
f sensible things, till he has it proved to him from the veracity of God; or to pretend our know
edge in this point falls short of intuition or demonstration? I might as well doubt of my own being
s of the being of those things I actually see and feel." Dial. III. Ganz ebenso wie Berkeley stell
ant seinen transcendentalen Idealismus dem skeptischen des Descartes gegenüber. Die transcendental
.esthetik lehrt die Idealität von Raum und Zeit; beide existiren nicht unabhängig von unserer sinnliche
nschauung, deren Formen sie vielmehr sind, sind also nichts, wenn wir von dieser abstrahiren. Als
ind auch die Dinge im Raume nicht unabhängig von unserer Vorstellung, sind Erscheinungen. Inder
un Kant, ganz wie Berkeley, durch diese Doctrin den vulgären Idealismus widerlegt zu haben überzeug
ar, fühlte er das Bedürfniss, um allen Verwechslungen seines Idealismus mit jenem vorzubeuger
eide genau zu unterscheiden, wozu sich ihm in der Kr. d. r. V. und den Prolegg. mehrfach Gelegenheit bo
un ist namentlich von Erdmann, Gesch. d. Phil. II. 336, die Ansicht aufgestellt, Kant habe schon in de
. Ausgabe der Krit. d. r. V. nicht nur den Idealismus des Descartes, sondern auch Berkeley's energisc
ekämpft. Ich glaube nachweisen zu können, dass das nicht der Fall ist, sondern dass Kant's Polemi
egen Berkeley erst in den Prolegg. beginnt, und zwar gegen den von ihm missverständlich aufgefasste
erkeley. Es werden sich bei der ganzen Polemik Kant's gegen den vulgären Idealismus zugleich einig
nhaltspunkte nebenbei ergeben für die Beurtheilung des Verhältnisses der 1. Ausgabe zur 2. der K. (
. V. In der 1. Ausgabe präcisirt Kant seine idealistische Theorie von der Sinnenwelt Descartes gegen
ber in den Bemerkungen zum 4. Paralogismus und dann bei der˙ Auflösung der Antinomien durc
einen kritischen Idealismus. Was ist nun in dem sogenannten Paralogismus der Idealität oder de
usseren Verhältnisses enthalten? Der skeptische Idealismus Descartes' ist in demselben in syllogistisch
'orm gebracht.

Major. Dasjenige, auf dessen Dasein, nur als einer Ursache zu gegebenen Wahrnehmunger
eschlossen werden kann, hat eine nur zweifelhafte Existenz.

Minor. Nun sind alle Erscheinungen von der Art, dass ihr Dasein nicht unmittelba
rahrgenommen, sondern auf sie, als die Ursache gegebener Wahrnehmungen, allein geschlossen werde

Conclusio. Also ist das Dasein aller Gegenstände äusserer Sinne zweifelhaft. Diesem Idealismus liegt die Anschauung zu Grunde, dass die Gegenstände des äusseren Sinnes unabhängig von unseren sinnlichen Anschauungsformen existiren. Da nun unmittelbar nur dasjenige wahrgenommen werden kann, was in mir ist, so sind nach jenem Standpunkt die Dinge nur mittelbar zu erkennen, indem ich dieselben als äussere Ursachen zu meinen Wahrnehmungen hinzudenken und aus diesen also ihr Dasein erschliessen muss. Daher ist die Existenz äusserer Dinge ungewiss; gewiss ist nur, dass Ich, das denkende Wesen, bin. Die Ungewissheit entsteht aber daher, dass ich von der Wirkung, d. i. der Vorstellung in mir auf etwas Anderes als die Ursache schliessen muss, und dass es mithin, da eine Wirkung verschiedene Ursachen haben kann, zweifelhaft bleibt, ob diese ausser mir oder in mir sind, ob also die äusseren Gegenstände wirklich ausser mir existiren in der Qualität, wie ich sie wahrnehme, oder ob alle äussere Wahrnehmung nicht ein blosses Spiel meines Vorstellungsvermögen sei. „Unter einem Idealisten muss man also nicht denjenigen verstehen, der das Dasein äusserer Gegenstände der Sinne leugnet, sondern der nur nicht einräumt, dass es durch unmittelbare Wahrnehmung erkannt werde, daraus aber schliesst, dass wir ihrer Wirklichkeit durch alle mögliche Erfahrung niemals vollständig gewiss werden können." II. 295. Wir sehen also, dass Kant unter Idealismus hier den nach seiner Meinung zuerst von Descartes erhobenen skeptischen Idealismus vor Augen hat. Diese Doctrin ist ein Realismus, aber ein transcendentaler, weil er Zeit und Raum als etwas vorstellt, was unabhängig von unserer Vorstellung existirt, mithin äussere Erscheinungen als Dinge an sich ansieht, die von unserer sinnlichen Anschauungsform unabhängig existiren und nach reinen Verstandesbegriffen ausser uns sind, wie z. B. die Substanz an sich. Dass diese Lehre, so sehr sie sich das Ansehen einer realistischen giebt, in Skepticismus ausläuft, liegt auf der Hand. Denn wenn äussere Erscheinungen selbstständige, von unserem Bewusstsein unabhängige Dinge sind, dann können wir noch lange nicht gewiss sein, dass, wenn die Vorstellung existirt, auch der ihr correspondirende Gegenstand existirt. „Es ist schlechthin unmöglich zu begreifen, wie wir bei dieser Annahme zur Erkenntniss der Wirklichkeit derselben ausser uns kommen sollen, indem wir uns bloss auf die Vorstellung stützen, die in uns ist. Denn man kann doch ausser sich nicht empfinden, sondern nur in sich selbst, und das ganze Selbstbewusstsein liefert daher nichts, als lediglich unsere eigenen Bestimmungen." II. 302. Es sind dies alles dieselben Einwürfe, welche auch Berkeley gegen jene Hypothese macht.

Diesem skeptischen Idealismus stellt Kant seinen transcendentalen Idealismus aller Erscheinungen entgegen als „den Lehrbegriff, nach welchem wir diese insgesammt als blosse Vorstellungen und nicht als Dinge an sich selbst ansehen, und dem gemäss Zeit und Raum nur sinnliche Formen unserer Anschauung, nicht aber für sich gegebene Bestimmungen, oder Bedingungen der Objecte, als Dinge an sich selbst sind." II. 295. Mit dieser Lehre ist der skeptische Idealismus widerlegt und dem Zweifel ein Ende gemacht. Die Gewissheit des Daseins äusserer Dinge hat Kant von seinem idealistischen Standpunkte aus in der I. Ausgabe am klarsten und consequentesten erwiesen. Es heisst: „Bei unserem Lehrbegriff fällt alle Bedenklichkeit weg, das Dasein der Materie ebenso auf das Zeugniss unseres blossen Selbstbewusstseins anzunehmen und dadurch für bewiesen zu erachten, wie das Dasein meiner selbst als eines denkenden Wesens; denn ich bin mir doch meiner Vorstellungen bewusst; also existiren diese und ich selbst, der ich diese Vorstellungen habe. Nun sind aber äussere Gegenstände (die Körper) blosse Erscheinungen, mithin auch nichts anderes, als eine Art meiner Vorstellungen, deren Gegenstände nur durch diese Vorstellungen etwas sind. Also existiren ebensowohl äussere Dinge, als ich selbst existire, und zwar beide auf das unmittelbare Zeugniss meines Selbstbewusstseins, nur mit dem Unterschiede, dass die Vorstellung meines Selbst, als des denkenden Subjects, blos auf den inneren, die Vorstellungen jener, welche ausgedehnte Wesen bezeichnen, auch auf den äusseren Sinn bezogen werden. Ich habe Absicht auf die Wirklichkeit äusserer Gegenstände eben so wenig nöthig zu schliessen, als in Ansehung der Wirklichkeit des Gegenstandes meines inneren Sinnes (meiner Gedanken), denn sie sind beiderseits nichts als Vorstellungen, deren unmittelbare Wahrnehmung (Bewusstsein) zugleich ein genugsamer Beweis ihrer Wirklichkeit ist." II. 296—297. Die Begründung dieser Lehre ist eben eine der Hauptaufgaben der Krit. d. r. V. Die Unterscheidung zwischen Wirklichkeit und Erdichtung, Schein und Traum unterliegt bestimmten Kriterien, worin die dogmatische Erkenntnisstheorie vor dem Kriticismus nichts voraus hat. Die Materie der Erscheinung ist nach dem transcendentalen Idealismus realiter vorhanden und unmittelbar gewiss; es kann diese Lehre also mit vollem Recht Anspruch machen auf die Bezeichnung eines empirischen Realismus. Dies macht Kant im Voraus allen denen gegenüber geltend, welche etwa missverständlich ihm vorwerfen möchten, er leugne die Materie und seine Lehre sei ein Monismus, der nur Geister und deren Bestimmungen anerkenne, oder er mache die Materie zum blossen Schein, was bis auf den heutigen Tag sowohl von Berkeley als von Kant geglaubt wird. Dem gegenüber erklärt Kant seine Lehre auch als Dualismus; es giebt Geister und Materie, letztere zwar nicht in dem Sinne des vulgären Dualismus als transcendentale Materie, sondern als phaenomenale Substanz. Ganz auf demselben Standpunkt stand in dieser Rücksicht Berkeley, und ganz ebenso hatte er den idealistischen Skepticismus widerlegt.

Am Ende der Kritik des 4. Paralogismus, nachdem also Kant immer nur Descartes vor Augen gehabt hat, kommt mit einem Male folgende Bemerkung: „Der dogmatische Idealist würde derjenige sein, der das Dasein der Materie leugnet, der skeptische, der sie bezweifelt, weil er sie für unerweislich hält. Der erstere kann es nur darum sein, weil er in der Möglichkeit einer Materie überhaupt Widersprüche zu finden glaubt, und mit diesem haben wir es jetzt noch nicht zu thun. Der folgende Abschnitt von dialektischen Schlüssen, der die Vernunft in ihrem inneren Streite, in Ansehung der Begriffe, die sie sich von der Möglichkeit dessen, was in den Zusammenhang der Erfahrung gehört, vorstellt, wird auch dieser Schwierigkeit abhelfen." II. 301. Mag nun bei diesem dogmatischen Idealismus Kant an Berkeley gedacht haben oder nicht, es ist dies die Lehre, welche er in den Prolegg. und in der 2. Ausgabe, von Berkeley ausgehend, bekämpft. Wenn also nach Kant's eigenen Versicherungen in der 1. Ausgabe dieser Idealismus erst bei den Antinomien widerlegt werden soll, so geht daraus schon hervor, wie Unrecht Erdmann hat, wenn er in seiner Geschichte der Philos. II. 336 Kant schon vorher in der 1. Ausgabe eine energische Polemik gegen Berkeley eröffnen lässt. „Man vergisst — —, dass auch in der ersten Auflage sich Kant sehr entschieden gegen Berkeley ausgesprochen hatte, in dem Abschnitte von der Unterscheidung aller Gegenstände in Phaenomena und Noumena." Dies steht mit den vorhin angeführten Aeusserungen Kant's selbst in geradem Widerspruch. Es ist auch in der That in dem von Erdmann angeführten Abschnitt der Kr. d. r. V. weder direct noch indirect eine entschiedene Polemik gegen Berkeley enthalten. Sehen wir aber nun zu, inwiefern Kant seinem Versprechen nachgekommen ist, nämlich 1) die Widersprüche zu heben, welche der dogmatische Idealismus in der Materie fand, und 2) die Leugnung der Existenz der Materie zu widerlegen, und zwar in den dialektischen Schlüssen der Vernunft. Die Antinomien enthalten die Sätze der alten Metaphysik, der dogmatischen, vorkritischen Philosophie. In der Thesis sind die Sätze des unkritischen, dogmatischen Idealismus, in der Antithesis die des unkritischen, dogmatischen Empirismus. Beider Behauptungen stützen sich auf eine Erkenntnisstheorie, welche die Welt der Erscheinungen als unabhängig von unseren Vorstellungen fasst; aber die Doctrin der Thesis ruht mehr auf der idealistischen Voraussetzung, dass nur im reinen

Verstande Wahrheit ist, dass aber die Sinne diese reine Quelle der Wahrheit trüben. Die Lehren in der Antithesis dagegen bleiben innerhalb der Welt der Erscheinungen; aber indem der Empirismus dasjenige ohne Weiteres verneint, was über der Sphäre seiner anschauenden Erkenntniss liegt, wird er dogmatisch und verfällt in denselben Fehler wie die Doctrin der Thesis. Die Lösung dieser Antinomien kann nach Kant nur der kritische Idealismus geben, der nicht transcendent, sondern immanent ist. Wir haben von den Antinomien für unseren Zweck nur die zweite zu berücksichtigen, worin die Antithetik der Vernunft in Bezug auf die materielle Substanz an sich enthalten ist. Denn wenn irgendwo, so müssen hier die Widersprüche zur Sprache kommen, welche, wie Kant sagt, der dogmatische Idealist in der Materie findet, deren Dasein er deshalb leugnet. Die Thesis enthält den Satz: „Die Materie ist einfache Substanz und alle Zusammensetzung ist nur ein äusserer Zustand derselben." Die Antithesis erklärt dagegen: „Die Materie besteht nur aus zusammengesetzten Theilen und es giebt in ihr nichts Einfaches." Da nun die Antithetik der Vernunft durch das Streben derselben nach Totalität in der Synthesis der Erscheinungen entsteht, indem sie, wenn sie die Behauptung aufstellt, es liege eine einfache Substanz den materiellen Erscheinungen zu Grunde, die nicht mehr theilbar sei, sofort den Widerspruch hervorruft, es sei dies in der Erfahrung nicht nachweisbar, es gebe nur Zusammengesetztes, die Materie sei unendlich theilbar: so sehen wir, dass in diesen Behauptungen der Antithesis das Problem von der unendlichen Theilbarkeit der Materie, dem unendlich Kleinen enthalten ist. Beide Aussagen nun, es gebe einfache Wesen als das Substrat der Materie, und das Gegentheil, es gebe nicht solche, sondern die Materie sei in's Unendliche theilbar, sind dogmatisch, und also unberechtigt. Der transcendentale Idealismus giebt nun den Schlüssel zur Auflösung dieser kosmologischen Dialektik. II. 388. Nach dieser Lehre ist die Materie substantia phaenomenon; Alles, was im Raume und in der Zeit angeschaut wird, mithin alle Gegenstände einer nur möglichen Erfahrung, sind nichts als Erscheinungen, die so, wie sie vorgestellt werden, als ausgedehnte Wesen oder Reihen von Veränderungen ausser unseren Gedanken keine an sich gegründete Existenz haben. Das, was in der Erfahrung Substanz heisst, ist nicht absolutes Subject, sondern beharrliches Bild der Sinnlichkeit und nichts als Anschauung, in der überall nichts Unbedingtes und mithin auch nichts Einfaches angetroffen wird. II. 414. Ebenso ist es gar keine Sache der Erfahrung, wie weit sich die transcendentale Theilung einer Erscheinung überhaupt erstrecke, sondern es ist ein Principium der Vernunft, den empirischen Regressus in der Decomposition des Ausgedehnten, der Natur dieser Erscheinung gemäss, niemals für schlechthin vollendet zu halten. Es ist also keineswegs erlaubt, von einem solchen Ganzen, das in's Unendliche theilbar ist, zu sagen, es bestehe aus unendlich vielen Theilen. II. 415. 412.

Die Widersprüche, welche in der Materie liegen, sind nur in der transcendentalen Materie enthalten, und darin fand Berkeley sie auch und löst sie von seinem Standpunkt aus, indem er nachweist, dass sie nach seiner Doctrin gar nicht vorhanden, sondern selbstgemachte Schwierigkeiten der Philosophen sind. Nachdem er, sect. 9, den Begriff der Materie, wie ihn die bisherige Philosophie aufgefasst, angegeben hat, nämlich als träge Substanz, in welcher Ausdehnung, Gestalt, Bewegung u. s. w. realiter existiren, unabhängig vom percipirenden Geiste, sagt er: „hence it is plain that the very notion of what is called matter or corporeal substance, involves a contradiction in it; und ferner, sect. 124: „Nothing can be plainer to me, than that the extensions I have in view, are no other than my own ideas, and it is no less plain, that I cannot resolve any one of my ideas into an infinite number of other ideas, that is, that they are not infinitely divisible. If by finite extension be meant something distinct from a finite idea, I declare I do not know what that is, and so cannot affirm or deny any thing of it. But if the terms extension, parts &c. are taken in any sense conceivable, i. e. for ideas; then to say, a finite quantity or extension consists of parts infinite in number, is so manifest and glaring a contradiction, that every one at first sight acknowledges it to be so."

Man hätte nun bei der obigen Erörterung Kant's von den Widersprüchen, welche von der dogmatischen Philosophie in der Materie gefunden werden, erwarten sollen, dass er den dogmatischen Idealismus, der ja nach seiner Aeusserung sie gleichfalls in der Materie findet und das Dasein derselben deshalb leugnet, widerlegen würde. Aber wenn er auch die Widersprüche hebt, von einer Widerlegung des die Materie leugnenden Idealismus ist gerade bei dieser Gelegenheit nirgendwo die Rede. Dagegen war Kant allerdings schon früher im 6. Abschnitte der Antinomien, wo von dem transcendentalen Idealismus, als dem „Schlüssel zur Auflösung der reinen kosmologischen Dialektik" die Rede ist, wieder auf die Unterscheidung seiner Lehre von dem vulgären Idealismus zurückgekommen, und er verwahrt sich auf's neue vor einer Verwechselung beider. „Man würde uns Unrecht thun, wenn man uns den schon längst so verschrieenen empirischen Idealismus zumuthen wollte, der, indem er die eigene Wirklichkeit des Raumes annimmt, das Dasein der ausgedehnten Wesen in demselben leugnet, wenigstens zweifelhaft findet, und zwischen Traum und Wahrheit in diesem Stücke keinen genugsam erweislichen Unterschied einräumt. Was die Erscheinungen des inneren Sinnes in der Zeit betrifft, an denen, als wirklichen Dingen, findet er keine Schwierigkeit, ja er behauptet sogar, dass diese innere Erfahrung das wirkliche Dasein ihres Objects (an sich selbst), (mit aller dieser Zeitbestimmung) einzig und allein hinreichend beweise." II. 388. Aus diesen Worten Kant's ersehen wir, dass er eigentlich auch hier den Cartesianischen Idealismus vor Augen hat, dass ferner jene frühere Unterscheidung zwischen dem skeptischen und dogmatischen Idealismus hier aufgegeben ist, und dass beide vereinigt werden. Kant hat also sein Wort, näher auf den dogmatischen Idealismus in den dialektischen Schlüssen einzugehen, nirgendwo gelöst. Im Grunde hatte es auch mit der ganzen Unterscheidung und der damit verknüpften Verheissung nichts auf sich. Denn hatte er den skeptischen Idealismus dadurch widerlegt, dass er nachwies, nach seiner Theorie seien wir uns eben so unmittelbar des Daseins einer Körperwelt bewusst, als der Existenz unseres denkenden Selbst, so war auch eben so gut dadurch eine Doctrin widerlegt, welche das Vorhandensein einer materiellen Welt leugnete.

Das bisher gewonnene Resultat ist also folgendes: Kant polemisirt in der ersten Auflage d. K. d. r. V. immer nur gegen den sogenannten skeptischen Idealismus des Descartes; von einer Polemik gegen Berkeley ist nirgend die Rede; dachte er bei der kurzen Erwähnung des von ihm sogenannten dogmatischen Idealismus an Berkeley, so war die Auffassung seiner Lehre eine missverständliche. Denn was die Hauptpunkte des phaenomenalen Idealismus betrifft, so steht Kant mit Berkeley auf gleichem Standpunkt. Durch Beider Lehre in dieser Beziehung war der Dogmatiker der Vernunft gerichtet mit seinen Fehlschlüssen und Widersprüchen, die aus der Auffassung der Erscheinungen als Dinge an sich hervorgingen; der Skepticismus war widerlegt durch den Nachweis, dass wir uns des Daseins der Sinnesobjecte im Raum unmittelbar bewusst sind; der Materialismus war zurückgewiesen, indem ihm die Abhängigkeit der materiellen Welt vom Geiste dargethan wird, was Kant am stärksten aussprach in den bekannten Worten: „Denn weit gefehlt, dass nach demselben (nämlich dem Kant. Idealismus) einige Furcht übrig bliebe, dass, wenn man die Materie wegnähme, dadurch alles Denken und selbst die Existenz denkender Wesen aufgehoben werden würde, so wird vielmehr klar gezeigt, dass, wenn ich das denkende Subject wegnehme, die ganze Körperwelt wegfallen muss, als die nichts ist, als die Erscheinung in der Sinnlichkeit unseres Subjects und eine Art Vorstellung desselben." II. 306. Man darf also auch den Satz: „kein Object ohne Subject", nicht umkehren in den Satz: „kein Subject ohne Object." Diese ganze Widerlegung der alten Metaphysik, was die Welt der Erscheinungen im Raume betrifft, hatten beide, Berkeley und Kant, methodisch streng bewerkstelligt, Kant mit einer „glänzenden Trockenheit" der Sprache, Berkeley in einer leichten und anmuthigen Form.

Wir gehen zu den Prolegomena über. Erst in dieser Schrift wehrt sich Kant energisch gegen die Behauptung, als sei seine Lehre auf Berkeley's Idealismus gegründet. Dies war in der bekannten Garve-Feder'schen Recension geschehen, oder vielmehr in der ziemlich unbedeutenden ersten Anzeige der Kr. d. r. V. Der transcendentale Idealismus war darin gefasst als „höherer Idealismus", was Kant zu der sarkastischen Bemerkung Veranlassung gab: „Bei Leibe nicht der höhere. Hohe Thürme und die ihnen ähnlichen metaphysisch grossen Männer, um welche beide gemeiniglich viel Wind ist, sind nicht für mich. Mein Platz ist das fruchtbare Bathos der Erfahrung." Prolegg. II. 153. Es ist nun seltsam genug, dass jener Recensent, der die Aehnlichkeit der Grundanschauung Berkeley's und Kant's hervorhob, zwar ganz Recht hat, wie wir jetzt urtheilen, aber ohne es zu wissen, da er unzweifelhaft von einer missverständlichen Auffassung Berkeley's ausging und diese in Kant wiederfand, und schliesslich doch nur sagen wollte, Kant leugne ebensowohl wie Berkeley die Dinge ausser uns.

Zunächst kommt Kant auf den „verschrieenen" Idealismus zurück in der 2. Anmerk. zur Beantwortung der Frage: „Wie ist reine Mathematik möglich?" Kant erklärt hier, dass seine Lehre von den äusseren Gegenständen der Sinnenwelt gerade das Gegentheil sei von dem Idealismus, der in der Behauptung bestehe, „dass es keine anderen als denkenden Wesen gebe, die übrigen Dinge, die wir in der Anschauung wahrzunehmen glaubten, wären nur Vorstellungen in den denkenden Wesen, denen in der That kein ausserhalb dieser befindlicher Gegenstand correspondirte." III. 45. „Die Existenz der Dinge hebt der wirkliche Idealismus auf", sagt Kant, „mein idealistischer Lehrbegriff lässt dieselbe vollständig bestehen." Hier also hat Kant jenen angeblichen „dogmatischen" Idealismus vor Augen, der die Existenz der Materie leugnet. III. 47. Gleich darauf protestirt er „wider alle Zumuthung eines Idealism", und jetzt erst erwähnt er zum ersten Male Berkeley's. „Denn dass ich selbst dieser meiner Theorie den Namen eines transcendentalen Idealismus gegeben habe, kann Keinen berechtigen, ihn mit dem empirischen Idealismus des Cartes (wiewohl dieser nur eine Aufgabe war, wegen deren Unauflöslichkeit es, nach Carte's Meinung, Jedermann freistand, die Existenz der körperlichen Welt zu verneinen) oder mit dem mystischen und schwärmerischen des Berkeley (wowider und andere ähnliche Hirngespinnste unsere Kritik vielmehr das eigentliche Gegenmittel enthält) zu verwechseln." III. 51. Beiläufig gesagt, scheint mir in der Aeusserung Kant's über Descartes ein Irrthum zu liegen; man kann den Idealismus des Descartes wohl eine zu lösende Aufgabe nennen; wie Descartes sie wirklich gelöst zu haben glaubte, haben wir in dem vorjährigen Programm angeführt. Wir sehen nun aber aus dieser Erklärung, dass Kant wieder vorzugsweise den Descartes im Auge hat und dass er auf Berkeley's Idealismus wie auf ein Hirngespinnst herabsieht; auch bemerkt er ausdrücklich, „die Bezweiflung der Existenz der Sachen macht den Idealismus in recipirter Bedeutung aus." Dies bestätigt unsere Auffassung, dass er in der ersten Ausgabe der Kr. d. r. V. höchst wahrscheinlich an Berkeley als Urheber des dogmatischen Idealismus gar nicht gedacht hat; denn dort ging dieser Idealismus hervor aus vermeintlichen Widersprüchen in der Materie, die einer Widerlegung bedurften, hier ist Berkeley's Lehre Schwärmerei und Hirngespinnst.

Zum zweiten Male kommt Kant auf die Unterscheidung seiner Lehre von dem „materialen Idealismus" des Descartes bei der Erörterung der psychologischen Ideen zurück (III. 106. 107.), und widerlegt denselben durch seinen kritischen Idealismus mit derselben Klarheit und Bündigkeit wie in der ersten Ausgabe. Die Hauptstelle aber, wo Kant auf's neue Berkeley's gedenkt, ist in der Probe eines Urtheiles über die Kritik III. 152 ff., in welcher er auch näher auf die oben erwähnte Recension eingeht. Hier finden wir die wichtige Unterscheidung, durch welche Kant seinen kritischen Idealismus dem vulgären, unkritischen gegenüberstellt, in folgenden Worten ausgesprochen:

„Der Satz aller echten Idealisten, von der Eleatischen Schule bis zum Bischof Berkeley, ist in dieser Formel enthalten: alle Erkenntniss durch die Sinne und Erfahrung ist nichts als lauter Schein, und nur in den Ideen des reinen Verstandes und Vernunft ist Wahrheit."

„Der Grundsatz, der meinen Idealismus durchgängig regiert und bestimmt, ist dagegen: „alle Erkenntniss von Dingen aus blossem reinen Verstande, oder reiner Vernunft, ist nichts als lauter Schein, und nur in der Erfahrung ist Wahrheit."

Indem nun Kant erklären will, warum er trotz des entschiedenen Gegensatzes seines Princips zu der unkritischen idealistischen Doctrin dennoch seiner Lehre den Namen Idealismus gegeben und warum der Recensent überall in seiner Kritik jenen „ächten" Idealismus gefunden habe, bemerkt er zunächst in Beziehung auf den letzten Punkt, dass er allerdings mit jenen Idealisten, und also auch mit Berkeley, darin übereinstimme, dass Raum und Zeit sammt Allem, was sie in sich enthalten, nicht die Dinge oder deren Eigenschaften an sich selbst seien, sondern bloss zu Erscheinungen derselben gehören. Während er aber die Apriorität dieser sinnlichen Anschauungsformen nachgewiesen habe, hätten Jene, und unter ihnen vornemlich Berkeley, den Raum für eine blosse empirische Vorstellung angesehen, die ebenso wie die Erscheinungen in ihm, uns nur vermittelst der Erfahrung oder Wahrnehmung, zusammt allen seinen Bestimmungen bekannt würde. Hieraus folgert Kant, dass die Erfahrung bei Berkeley keine Kriterien der Wahrheit haben könne, weil er den Erscheinungen nichts a priori zu Grunde gelegt habe; daher seien die Dinge bei ihm lauter Schein. — Fassen wir nun das von Kant über den Berkeley'schen oder dogmatischen Idealismus — S. 156 bedient er sich wieder dieses Ausdruckes von Berkeley's Lehre — Gesagte zusammen, so ergiebt sich das sonderbare Resultat: 1) der dogmatische Idealismus leugnet die Materie, weil er Widersprüche darin findet — so war in der 1. Ausgabe erklärt; 2) der dogmatische Idealismus des B. erklärt alle Erkenntniss durch Sinne und Erfahrung für lauter Schein; 3) der dogmatische Idealismus macht Alles zu lauter Schein, weil er ein reiner Empirismus ist und nichts von einem apriorischen Factor unserer Erkenntniss weiss. Widerspruchsvollere Aussagen über die Lehre eines Mannes kann man nicht finden. Nur das ist richtig, dass Berkeley, wie Kant, Raum und Zeit zwar als blosse Vorstellungen oder Ideen ansah, aber doch mit allen Erscheinungen im Raume für empirischen Ursprunges hielt, dass unsere Erfahrungskenntniss nur eine comparative Allgemeinheit haben könne, was nach Kant zu lauter Scheinerkenntniss führen soll. Wir wissen hinlänglich, dass Berkeley die durch Erfahrung gewonnene Erkenntniss nicht als Schein, sondern für gewisser als alle Erkenntniss durch den sogenannten „reinen Verstand" ansah, und dass er weit entfernt war, nur im reinen Verstande und in der Vernunft allein Wahrheit zu finden und die Erkenntniss durch die Sinne für eine getrübte und verworrene zu halten. Zur Bestätigung dessen wollen wir noch eine Stelle aus dem 3. Dial. anführen, wo er des reinen Verstandes — pure intellect — gedenkt. Dort entwickelt Berkeley in der Person des Philonous seine Theorie von der Unmöglichkeit abstracter Ideen, d. i. abstracter Erscheinungen, welche hypostasirt und ausser uns als Dinge an sich versetzt werden.

Da macht ihm Hylas den Einwurf: „Aber was sagst Du vom reinen Verstande? Können nicht abstracte Ideen von diesem Vermögen gebildet werden? Darauf antwortet Philonous: „Da ich nun überhaupt keine abstracten Ideen bilden kann, so ist es klar, dass ich sie auch nicht mit Hülfe des reinen Verstandes bilden kann, was du auch immer für ein Vermögen mit diesem Worte bezeichnen mögest. Ueberdies, um nicht auf das Wesen des reinen Verstandes näher einzugehen und dessen spirituelle Objecte, wie Tugend, Vernunft, Gott u. dgl., so viel ist klar, dass sinnliche Dinge nur durch Sinne wahrgenommen werden können. Also gehören Gestalt und Ausdehnung, welche ursprünglich nur durch Sinne wahrgenommen werden, nicht zum reinen Verstande."

Aus Allem erhellt, dass Kant den auf sensualistischer Grundlage ruhenden Idealismus Berkeley's mit einem Idealismus von der Art Platon's und Leibnitz' verwechselt, zu dem Kant's kritischer Idealismus ebensowohl in Gegensatz tritt, wie der Berkeley'sche. Diese Verwechselung geht auch aus der Anmerkung III. 155 hervor: „Der eigentliche Idealismus hat jederzeit eine schwärmerische Absicht und kann auch keine andere haben, der meinige ist lediglich dazu, um die Möglichkeit unserer Erkenntniss a priori von Gegenständen der Erfahrung zu begreifen, welches ein Problem ist, das bisher noch nicht aufgelöst, ja nicht einmal aufgeworfen worden. Dadurch fällt nun der ganze schwärmerische Idealismus, der immer (wie ja auch schon aus dem Plato zu ersehen) aus unseren Erkenntnissen a priori (selbst derer der Geometrie) auf eine andere (nämlich intellectuelle) Anschauung, als die der Sinne schloss, weil man sich gar nicht einfallen liess, dass Sinne auch a priori anschauen sollten." Aus dieser Aeusserung Kant's über das Verhältniss seiner Lehre zu der des schwärmerischen Idealismus, wozu auch Platon's Lehre gehört, ersieht man, beiläufig bemerkt, deutlich, wie schief die Auffassung Schopenhauer's über Kant und Platon ist, wenn er in der Kritik d. Kant. Krit. D. W. a. W. u. V. I. 496 sagt: „Ganz aus sich selbst, auf eine neue Weise, von einer neuen Seite und auf einem neuen Wege gefunden, stellte Kant dieselbe Wahrheit dar, die schon Platon unermüdlich wiederholt und in seiner Sprache meistens so ausdrückt: diese, den Sinnen erscheinende Welt habe kein wahres Sein, sondern nur ein unaufhörliches Werden, sie sei und sei auch nicht, und ihre Auffassung sei nicht sowohl eine Erkenntniss als ein Wahn. — — Kant machte diese Lehre, mittelst der ruhigsten und nüchternsten Darstellung, zur erwiesenen und unstreitigen Wahrheit." — 497. Schopenhauer kam es von seinem Pessimismus aus darauf an, die sichtbare Welt der Erscheinungen als möglichst nichtig und wesenlos darzustellen; darum wird in der That bei ihm, was Berkeley und Kant Erscheinung nennen, wesenloser Schein. Doch dies nur nebenbei. Was noch den ersten obenerwähnten Punkt betrifft, warum Kant seine dem Idealismus in recipirter Bedeutung entgegengesetzte Lehre doch Idealismus nennt, so erklärt er, es sei unthunlich, dieselbe anders zu benennen, wiederholt aber, er wolle ihn zum Unterschied von dem dogmatischen des Berkeley und von dem skeptischen des Descartes den formalen oder besser den kritischen nennen.

Wir gehen zur 2. Auflage der Kr. d. r. V. über. Die fortdauernden Missverständnisse veranlassten Kant, auf's neue auf die Verwechselung seines Idealismus mit dem vulgären zurückzukommen. Am Ende der transcendentalen Aesthetik wehrt sich Kant auf das Entschiedenste dagegen, dass das, was er Erscheinung nenne, Schein sei. II. 716. Im Gegentheil erklärt er, man könne nicht vermeiden, wenn man den Vorstellungsformen von Raum und Zeit objective Realität beilege, dass Alles dadurch in blossen Schein verwandelt werde. „Denn wenn man den Raum und die Zeit als Beschaffenheiten ansieht, die ihrer Möglichkeit nach in Sachen an sich angetroffen werden müssten, und überdenkt die Ungereimtheiten, in die man sich alsdann verwickelt, indem zwei unendliche Dinge, die nicht Substanzen, auch nicht etwas wirklich den Substanzen Inhaerirendes, dennoch Existirendes, ja die nothwendige Bedingung der Existenz aller Dinge sein müssen, auch übrig bleiben, wenngleich alle existirenden Dinge aufgehoben werden, so kann man es dem guten Berkeley wohl nicht verdenken, wenn er die Körper zu blossem Schein herabsetzte" u. s. w. II. 719. Dieselbe Ansicht von Berkeley spricht Kant denn auch noch aus in der in der 2. Ausgabe eingeschobenen „Widerlegung des Idealismus". Während Berkeley also früher Alles als Schein erklärt haben sollte, weil in der Materie Widersprüche seien, dann, weil die Sinneserkenntniss nichts als Schein ergebe, hierauf, dass die ganze äussere Welt Schein sei, weil er ein reiner Empiriker sei, kommt hier nun ein ganz neuer Grund, warum der gute Berkeley die Dinge im Raume als Schein und Einbildung erklärte, nämlich der, dass er den Raum mit allen den Dingen, welchen er als unabtrennliche Bedingung anhängt, für etwas, was an sich selbst unmöglich sei, erklärt. Also aus der Erkenntniss, dass Raum und Zeit nicht Dinge an sich sein können, soll sich für Berkeley die Lehre ergeben haben, dass die ganze Körperwelt lauter Schein und Einbildung sei. Zu einem solchen „dogmatischen Idealismus", meint Kant, führe nothwendig jene Ansicht von Raum und Zeit als zwei Undingen. Gegen diesen dogmatischen Idealismus habe er seinen kritischen Idealismus als Heilmittel aufgestellt, und es sei jene schwärmerische Doctrin von ihm in der transcendentalen Aesthetik widerlegt. Dies widerspricht einmal seiner in der 1. Ausgabe gegebenen Versicherung, die in der 2. Ausgabe freilich nicht mehr wiederholt ist, der dogmatische Idealismus solle in den dialektischen Schlüssen der Vernunft widerlegt werden, dann aber auch seiner in den Prolegg. ausdrücklich gegebenen Erklärung, er stimme mit Berkeley hinsichtlich der Subjectivität der Vorstellungen von Raum und Zeit überein, während er ihm hier nur die Erkenntniss lässt, dass Raum und Zeit nicht Dinge an sich sein können und deshalb Alles im Raume Schein und Einbildung sein müsse. Man sieht, wie verworren das Alles ist und dass Kant's Polemik nicht gegen den wirklichen, sondern den missverstandenen Berkeley gerichtet ist. Kant folgte offenbar in Bezug auf die Berkeley'sche Lehre unzuverlässigen Referaten, und dass es solche gab, ist nicht zu verwundern, da der Idealismus ja „verschrieen" ist von seiner Geburt an.

Wir haben schon vorhin der in der 2. Ausgabe hinter den Postulaten des empirischen Denkens eingeschalteten eigenen „Widerlegung des Idealismus" gedacht. Dieselbe ist an die Stelle jener lichtvollen und klaren Auseinandersetzung des transcendentalen Idealismus gegenüber dem skeptischen des Descartes getreten, die wir im 4. Paralogismus antrafen. Hier ergiebt sich die Frage, was Kant zu der ganz veränderten Darstellung der Paralogismen überhaupt veranlasst haben mag, und warum er eine eigene Widerlegung des Idealismus anderswo einschob mit einem förmlichen Beweis für das Dasein der Erscheinungen im Raume, über den von jeher ungünstig geurtheilt ist. So heisst es schon in Aenesidem. 268, der ganze Beweis laufe auf eine Sophisterei hinaus. Kant selbst genügte er nicht. Denn in der Vorrede zur 2. Auflage erklärt er, es sei in den Ausdrücken des Beweises einige Dunkelheit, die eine Aenderung erfordere. Der eigentliche Beweis für die Realität der Aussendinge und damit zugleich die Widerlegung des Idealismus ist also hier enthalten. Man hat nun gesagt, Kant habe, erschreckt vor den Consequenzen seines eigenen Systems, in der 2. Auflage überall der idealistischen Grundlage desselben die Spitzen abgebrochen. Ich will nicht entscheiden, wie weit diese Ansicht begründet ist. Soviel aber ist gewiss, die klare Darstellung in der Kritik zum 4. Paralogismus und in der Betrachtung über die Summe u. s. w., worin Kant in so lichtvoller und entschiedener Weise seinen Idealismus entwickelt, vermisst man ungern in der zweiten Auflage; statt dessen beschenkt uns Kant mit der „Widerlegung des Idealismus", die er im Vergleich mit der 1. Ausgabe in der Vorrede zur 2. Auflage eine „Vermehrung aber doch nur in der Beweisart nennt". Nun ist freilich das zunächst klar, dass die Widerlegung des Cartes. Idealismus viel passender an die Postulate des empirischen Denkens angeknüpft ist, als dass sie in den Paralogismen der rationalen Psychologie enthalten ist. Denn in den Postulaten des empirischen Denkens handelt es sich um die Erklärung dessen, was möglich, wirklich und nothwendig ist. „Das Postulat, die Wirklichkeit der Dinge zu erkennen, fordert Wahrnehmung, mithin Empfindung, deren man sich bewusst ist, zwar nicht eben unmittelbar, von dem Gegenstande selbst, dessen Dasein erkannt werden soll, aber doch Zusammenhang desselben mit irgend einer wirklichen Wahrnehmung nach den Analogien der Erfahrung, welche alle reale Verknüpfung in einer Erfahrung überhaupt darlegen." II. 188. Nun hatte der vulgäre Idealismus das Dasein äusserer Dinge nur für mittelbar zu beweisen erklärt, und darum für ungewiss und zweifelhaft. Daran knüpft Kant an. „Einen mächtigen Einwurf aber wider diese Regeln, das Dasein mittelbar (?) zu beweisen, macht der Idealismus, dessen Widerlegung hier an der rechten Stelle ist."*) Wenn also schon auf den ersten Blick erhellt, dass die „Widerlegung des Idealismus" in der 2. Auflage an einer viel passenderen Stelle steht als in der 1. Auflage, so gehen wir noch weiter und behaupten, dass der 4. Paralogismus und die damit verbundene Widerlegung des Idealismus mit den Fehlschlüssen der rationalen Psychologie gar nichts zu thun hat und dass Kant, dies später erkennend, die ganze Auseinandersetzung strich, dadurch aber genöthigt wurde, den Abschnitt über die Paralogismen überhaupt zu ändern und die Widerlegung des Idealismus an einer passenderen Stelle einzuschieben. Diese Behauptung wollen wir jetzt zu begründen suchen, weil die ganze Aenderung des betreffenden Abschnitts in der Kr. d. r. V. mit Kant's Polemik wider den Idealismus, insbesondere gegen den Berkeley's, in engem Zusammenhange steht.

In dem Abschnitt der Kr. d. r. V. „Von den Paralogismen der reinen Vernunft" will Kant den Nachweis führen, dass die Sätze der rationalen Psychologie lauter Fehlschlüsse sind. Diese vermeintliche Wissenschaft ist auf dem einzigen Satze errichtet: „Ich denke." Dies „Ich denke" ist freilich eine innere Wahrnehmung, aber als solche nichts weiter als die blosse Apperception, durch welche die reinen Verstandesbegriffe erst möglich gemacht werden, insofern wir sagen müssen: „Ich denke die Substanz, die Ursache u. s. w." Es ist mithin diese Apperception die Bedingung aller inneren Wahrnehmung. Daher nennt sie Kant die transcendentale Apperception. Es muss also auch ein solches „Ich denke" lauter transcendentale Prädikate haben. Um diese zu gewinnen, sagt Kant, brauchen wir nur dem Leitfaden der Kategorien zu folgen. Gegeben ist ein Ich, ein denkend Wesen. Wir wenden auf diesen Begriff zunächst die Relations-Kategorie der Substanz an; also ist die Seele Substanz; der Qualität nach ist die Seele einfach; nach der Kategorie der Quantität numerisch-identisch, d. i. Einheit (nicht Vielheit), und endlich ist die Seele nach der Kategorie der Modalität „im Verhältnisse zu möglichen Gegenständen im Raum." Da haben wir die ganze Topik der rationalen Psychologie. Wir müssen zunächst die Frage aufwerfen, was es bedeuten soll, dass von der Seele gesagt wird, sie sei der Modalität nach im Verhältniss zu möglichen Gegenständen im Raume. Da von einem Verhältnisse die Rede ist, in welchem die Seele steht, so müsste ja offenbar eine der Verhältniss-Kategorien darauf angewendet werden. Kant scheint den Widerspruch in der Anwendung seiner Kategorien gefühlt zu haben. Denn er versichert in einer Anmerkung, dass der Leser, der

---

*) Ich möchte hier den Kennern und den gelehrten Herausgebern der Kant. Krit d. r. V. zur Erwägung anheimgeben, ob hier nicht „unmittelbar" stehen muss; denn der ganze Gegensatz Kant's und Descartes' lässt sich auf die Frage reduciren: Ist unser Wahrnehmen unmittelbar oder mittelbar. Das erstere behauptet Berkeley und Kant, das letztere vor ihm Descartes und jede realistische Erkenntnisstheorie. Auch heisst es in der Widerlegung geradezu: „Der problematische Idealismus behauptet das Unvermögen, ein Dasein ausser dem unsrigen durch unmittelbare Erfahrung zu beweisen."

aus diesen Ausdrücken in ihrer transcendentalen Abgezogenheit nicht so leicht den psychologischen Sinn derselben, und warum das letztere Attribut der Seele zur Kategorie der Existenz gehöre, errathen werde, sie in dem Folgenden hinreichend erklärt und gerechtfertigt finden würde. Fragen wir aber trotz dieser Versicherung schon jetzt, was es nach Kant's eigener Lehre heissen kann, die Kategorien der Modalität auf einen Begriff anwenden, so vernehmen wir: „Wenn der Begriff eines Dinges schon ganz vollständig ist, so kann ich doch noch von diesem Gegenstande fragen, ob er bloss möglich, oder auch wirklich, oder wenn er das letztere ist, ob er gar auch nothwendig sei, wodurch aber keine Bestimmungen im Object selbst mehr gedacht werden." II. 184. Verfahren wir also nach dieser Vorschrift. Wir haben den Begriff eines denkenden Wesens und wollen auf denselben die Kategorie der Modalität anwenden. Kann dies nun nach obiger Vorschrift in einer anderen Weise geschehen, als dadurch, dass ich die Frage aufwerfe, ob ich die Existenz der Seele als eine mögliche, wirkliche und wenn dies ist, als eine nothwendige erkenne? Aber was hat die mögliche, wirkliche oder nothwendige Existenz der Seele mit dem Verhältniss derselben zu möglichen Gegenständen im Raume zu thun? Man muss Schopenhauer in der Sache ganz Recht geben, wenn er in seiner Kritik der Anwendung der Kategorien auf die Prädikate der Seele sagt: „Dann ist die Modalität auf eine lächerliche Weise hineingezwängt: die Seele stehe nämlich im Verhältnisse zu möglichen Gegenständen; Verhältniss aber gehört zur Relation: allein diese ist bereits durch Substanz eingenommen." W. a. W. u. V. I. 559.

Aus den angeführten Elementen, die wir an dem Leitfaden der Kategorien gewinnen, leitet Kant nun ferner alle Begriffe der reinen Seelenlehre ab, und da heisst es in Bezug auf das erwähnte Verhältniss der Seele: „Das Verhältniss zu den Gegenständen im Raume giebt das commercium mit Körpern, mithin stellt sie (die reine Seelenlehre?) die denkende Substanz als das Principium des Lebens in der Materie, d. i. sie als Seele (anima) und als den Grund der Animalität vor; diese, durch die Spiritualität eingeschränkt, Immortalität." II 278. Gleichwie nun der erste Paralogismus sich auf die Substantialität, der zweite auf die Simplicität, der dritte auf die Personalität der Seele beziehen, so erwartet man als vierten Paralogismus offenbar den der Animalität, von der aus ein Fehlschluss auf die Unsterblichkeit der Seele gemacht würde. Denn nur um Schlüsse auf dieselbe aus dem Begriff der Seele kann es sich in der rationalen Seelenlehre handeln. Der Fehlschluss würde etwa so lauten: Die Seele ist Princip der Materie, also Lebensprincip in derselben, d. i. Grund der Animalität; nun existirt sie im menschlichen Körper als bewusster Geist; also existirt sie auch nach Aufhebung der Gemeinschaft mit demselben, also ohne denselben als bewusster Geist fort; mithin ist die Seele unsterblich. Was finden wir aber wunderbarer Weise statt dessen in dem 4. Paralogismus? Wir finden den bekannten bereits oben besprochenen Satz des Cartesianischen Idealismus in syllogistische Form gebracht und anstatt eines Paralogismus der spirituellen Animalität einen Paralogismus der Idealität des äusseren Verhältnisses. Nun frage ich, was hat der Cartesianische Satz, dass ich von mir als denkendem Wesen unmittelbare Gewissheit habe, auf alles Andere aber schliessen muss, von den Dingen im Raum also nur mittelbare Gewissheit habe, mit dem Satze zu thun, dass die Seele als Lebensprincip in der Materie und als bewusster Geist im Körper als solcher auch nach Aufhebung der Gemeinschaft mit demselben fortlebt? Wird hier nicht unter rein psychologische Fragen, welche sich aus dem Begriff der geistigen Substanz ergeben, in ganz ungehöriger Weise eine erkenntnisstheoretische Frage gemischt? Ich suche freilich vergebens nach Bestätigung dieser meiner Ansicht in den Darstellungen der Kantischen Lehre. Selbst in den beiden neuesten Schriften, welche die „Paralogismen" kritisiren, in „Kant's Psychologie von Jürgen Bona Meyer. Berlin 1870" und in den „Kritisch-philosophischen

Untersuchungen von Dr. Richard Quäbicker. Berlin 1870" finde ich nicht die geringsten Andeutungen, aus denen abzunehmen wäre, dass die Verfasser hinsichtlich des vierten Paralogismus ähnliche Bedenken, wie die hier erhobenen, gehabt hätten. Die meisten Darsteller der Kant'schen Philosophie in den Lehrbüchern der Geschichte der Philosophie haben freilich mit Recht den Abschnitt der Kr. d. r. V., der von den Paralogismen handelt, nach der 2. Auflage dargestellt. Nur Kuno Fischer, der vorzugsweise in seiner Geschichte der Kant. Philosophie der 1. Ausgabe folgt, hat die Darstellung der Paralogismen auch nach dieser gegeben, aber auch ohne der Kant'schen Verwechselung der Animalität der Seele oder derselben als eines unzerstörbaren Lebensprincips im Körper mit der Selbstgewissheit des Geistes im Vergleich zu der zweifelhaften Gewissheit der Körperwelt Erwähnung zu thun. Gleich nach der Analyse des Begriffs der Seele als des unbedingten Subjects aller inneren Veränderungen fährt Kuno Fischer folgendermassen fort: „Die psychologischen Ideen sind demnach die Wesenheit, Einfachheit, Persönlichkeit und Selbstgewissheit oder, um die Kant'schen Ausdrücke zu brauchen, die „Substantialität, Simplicität, Personalität und Idealität" der Seele." Gesch. d. Ph. III. 482. Dagegen muss ich mir doch die Bemerkung erlauben, dass Kant nirgendwo von einer „Idealität" der Seele spricht und auch nicht sprechen kann; sondern er spricht nur von einem Paralogismus der Idealität oder des äusseren Verhältnisses und von der Idealität äusserer Erscheinungen, worunter er (II. 294) die Ungewissheit aller Gegenstände des äusseren Sinnes verstanden haben will. Es hätte also statt Idealität spirituelle Animalität der Seele gesetzt werden müssen. Die ungeeignete Einschiebung eines Paralogismus der Idealität in die Stelle, wo man einen auf das commercium animi et corporis Bezug habenden Fehlschluss der Animalität erwartet, geht nun ferner auch noch daraus hervor, dass der 4. Paralogismus der 1. Auflage gar kein Fehlschluss ist und dass also die Kant'sche Behauptung, alle Fehlschlüsse der rationalen Psychologie beruhten auf dem sophisma figurae dictionis, auf denselben gar keine Anwendung findet. In den drei ersten Paralogismen liegt das Falsche der conclusio darin, dass von dem blossen Denken, also vom Begriff der Seele als einer einfachen, immateriellen und identischen Substanz, ohne weiteres, also ohne die Bedingungen der sinnlichen Anschauung zu berücksichtigen, auf die reale Existenz der Seele, in der Qualität, wie sie gedacht werden muss, geschlossen wird. Dass die Seele, wenn ihr Begriff gedacht wird, eine einfache, immaterielle, identische Substanz ist, ist ein analytischer Satz; dass sie realiter als ein so beschaffenes Wesen existirt, ist ein synthetischer Satz, da alle Existentialsätze synthetisch sind. In der conclusio ist also fälschlich statt eines analytischen ein synthetischer Satz enthalten, ja sogar ein synthetischer Satz a priori, da die Prädicamente wie das der Einfachheit in gar keiner Erfahrung gegeben werden können. Der Fehler in den Schlüssen der rationalen Psychologie liegt also mit einem Wort darin, dass die subjective Bedingung des Denkens für die Erkenntniss des Objects gehalten wird. Die Einwürfe, die Kant gegen die Sätze dieser vermeintlichen Wissenschaft macht, sind also kritische, da sie wider den Beweis derselben gerichtet sind. „Der dogmatische Einwurf ist der, der wider einen Satz, der kritische, der wider den Beweis eines Satzes gerichtet ist." II. 309. Das ganze kritische Verfahren aber, welches Kant gegen die Sätze der rationalen Psychologie in den 3 ersten Paralogismen anwendet, kann auf den 4. Paralogismus, wie gesagt, gar keine Anwendung finden. Denn der Syllogismus ist logisch vollkommen richtig und die Einwürfe, welche Kant gegen die propos. minor macht, sind nicht kritisch, sondern dogmatisch, so dass Kant seiner Aufgabe untreu geworden ist, weil er eben nicht kritisch, sondern dogmatisch verneint. Auf diesen Punkt ist in der Ficht. Zeitschrift, B. 56. 114, mit Recht von R. Hippenmeyer aufmerksam gemacht. Kant's Einwürfe sind also nicht gegen den Beweis, sondern gegen den Satz, der in der prop. minor enthalten ist, gerichtet, welcher besagt, dass wir die

Dinge ausser uns im Raume nur mittelbar erkennen können, indem wir auf sie, als die Ursache gegebener Wahrnehmungen, schliessen. Diesem Satz stellt Kant seine Lehre gegenüber, dass wir von den Dingen im Raume eine eben so unmittelbare Gewissheit haben, wie von der Existenz unser als der eines denkenden Ichs. Nun ist zwar Kant überzeugt, dass er durch seine ganze Kritik diesen Satz bewiesen habe. Wenn aber der dogmatische Gegner „vorgiebt, die Beschaffenheit, von der die Rede ist, besser zu kennen, als der Gegentheil" (II. 310), so sieht er von seinem Standpunkt aus Kant's Satz, dass wir von den Dingen im Raume eine unmittelbare Gewissheit haben, weil sie Erscheinungen, d. h. Vorstellungen sind, dem seinigen, worin das Gegentheil behauptet wird, dogmatisch gegenübergestellt an. Es ist nun seltsam genug, dass Kant selbst in seiner Kritik des vierten Paralogismus die logische Richtigkeit des dem Cartesianischen Idealismus zu Grunde liegenden Syllogismus anerkennen muss, den er gleichwohl einen Fehlschluss nennt, aber den er „seinem trüglichen Scheine" nach darzustellen eigentlich nirgendwo sich anschickt, weil er es nicht konnte. Dagegen hat er in jener Kritik die erkenntnisstheoretische Frage nach der Realität der Erscheinungen im Raume behandelt, hat seinen kritischen Idealismus dem skeptischen des Descartes gegenüber präcisirt, und dies mit all' der Tiefe, der Schärfe und der Klarheit des Gedankens, die dem grossen Manne zu Gebote standen. Nach dieser sogenannten Kritik des 4. Paralogismus folgt dann die „Betrachtung über die Summe der reinen Seelenlehre, zu Folge dieser Paralogismen", und erst hier kommt Kant auf die eigentliche Sache, auf die Frage des commercium animi et corporis, d. i. auf die Animalität und den Zustand der Seele im Leben des Menschen, auf die Frage ferner vom Anfange dieser Gemeinschaft, d. i. von der Seele in und vor der Geburt des Menschen und vom Ende dieser Gemeinschaft, d. i. von der Seele in und nach dem Tode des Menschen (Frage wegen der Unsterblichkeit). II. 307. Hätte nun Kant in der vorhin angedeuteten Weise einen Paralogismus der Animalität aufgestellt, in welchem von diesem Begriff aus auf die Unsterblichkeit der Seele geschlossen wäre, dann hätte die Ableitung derselben aus der Kategorie der Modalität freilich gar nicht stattfinden können, während, so gewaltsam auch diese Kategorie mit der „Seele im Verhältniss zu möglichen Gegenständen im Raume" in Verbindung gebracht ist, die Anwendung derselben auf dies Verhältniss doch noch immer einen gewissen Schein behält, insofern dabei die Wirklichkeit der Dinge im Raume zur Sprache kommt, und bei der Modalitäts-Kategorie von den Begriffen des Möglichen, Wirklichen und Nothwendigen gehandelt wird. Offenbar erkannte Kant später die Vermischung einer rein erkenntnisstheoretischen Frage mit den specifischen Fragen der rationalen Psychologie, und sah sich dadurch veranlasst, den Abschnitt „Von den Paralogismen der reinen Vernunft" umzuändern. Nun hat Kant in diesem veränderten Abschnitt der 2. Auflage die ganze erste Auseinandersetzung bis zum Beginn des ersten Paralogismus bekanntlich beibehalten und damit auch die Topik der rationalen Seelenlehre, nach welcher die Seele der Modalität nach im Verhältniss zu möglichen Gegenständen im Raume ist, welches das Commercium mit Körpern giebt u. s. w. Aus dem aber, was Kant in der 2. Aufl. an die Stelle des 4. Paralogismus der 1. Aufl. gesetzt hat, ist von jener erkenntnisstheoretischen Frage, ob wir die Dinge im Raume mittelbar oder unmittelbar wahrnehmen, nicht mehr die Rede, sondern es ist wirklich darin der Fehlschluss der Animalität, freilich in einer ganz kurzen, ungenügenden Erörterung berührt. „Ich unterscheide meine eigene Existenz, als eines denkenden Wesens, von anderen Dingen ausser mir (wozu auch mein Körper gehört), ist ebensowohl ein analytischer Satz; denn andere Dinge sind solche, die ich von mir unterschieden denke. Aber ob dieses Bewusstsein meiner selbst ohne Dinge ausser mir, dadurch mir Vorstellungen gegeben werden, gar möglich sei, und ich also bloss als denkend Wesen (ohne Mensch zu sein) existiren könne, weiss ich dadurch gar nicht." II. 789. Was Kant vielleicht veranlasste, die Widerlegung des Cartesianischen Idealismus mit der Bekämpfung der Trugschlüsse der rationalen Psychologie zu verbinden, scheint der Umstand gewesen zu sein, dass diese vermeintliche Wissenschaft auf einer erkenntnisstheoretischen Grundlage ruhte, wie sie von Descartes gelegt war, und als Spiritualismus der materialistischen Anschauungsweise gegenübertrat, welche beide Richtungen in der Psychologie von Kant durch seinen kritischen Idealismus bekämpft wurden.

War die Entfernung der Polemik wider den Idealismus aus dem Abschnitt über die Paralogismen nothwendig geworden, so durfte dieselbe doch um so weniger fehlen, je häufiger Kant trotz seiner Proteste seine Lehre der Verwechselung mit dem vulgären Idealismus ausgesetzt sah. Es kam also jetzt darauf an, für die Widerlegung des Idealismus und für die Rechtfertigung seiner idealistischen Doctrin jenem gegenüber eine passende Stelle zu suchen, und diese fand er, wie gesagt, im Anschluss an die Postulate des empirischen Denkens. Nun ist es allerdings zu beklagen, dass Kant nicht die klare und bündige Erörterung der Sache, wie wir sie in der 1. Auflage haben, in der 2. Auflage beibehalten, sondern statt dessen eine andere Auseinandersetzung gegeben hat, in welcher er sich auf einen förmlichen Beweis eingelassen hat, „dass selbst unsere innere, dem Cartesius unbezweifelte Erfahrung nur unter Voraussetzung äusserer Erfahrung möglich sei." II. 773. Diesen Beweis von „der objectiven Realität der äusseren Anschauung" erklärt Kant in der Vorrede zur 2. Aufl. (II. 684 ff.) für einen strengen und, wie er glaubt, einzig möglichen. Denn es sei ein Scandal der Philosophie und allgemeinen Menschenvernunft, das Dasein der Dinge ausser uns (von denen wir doch den ganzen Stoff zu Erkenntnissen selbst für unseren inneren Sinn her haben) bloss auf Glauben annehmen zu müssen, und, wenn es Jemandem einfällt, es zu bezweifeln, ihm keinen genugthuenden Beweis entgegenstellen zu können. Das Raisonnement Kant's in diesem Beweis scheint mir folgendes zu sein: Durch innere Erfahrung bin ich mir meines Daseins in der Zeit und dessen Bestimmbarkeit bewusst. Nun sind die Bestimmungen in mir meine immer wechselnden Vorstellungen. Jeder Wechsel und jede Veränderung setzt etwas Beharrliches voraus, ja dieses Beharrliche ist die nothwendige Bedingung aller Zeitbestimmung. In mir kann ein solches Beharrliche als Correlat meiner inneren Bestimmungen nicht sein. Denn das Selbstbewusstsein in der Vorstellung Ich ist gar keine Anschauung, sondern eine blosse intellectuelle Vorstellung. Also muss das Beharrliche ausser mir sein, durch welches mein empirisches Bewusstsein bestimmt wird.

Dieser ganze Beweis, von welchem Kant sagt, es werde das unmittelbare Bewusstsein des Daseins äusserer Dinge nun nicht mehr vorausgesetzt, sondern es wäre durch denselben bewiesen, ist im Grunde überflüssig. Denn es folgt aus der transcendentalen Aesthetik mit Nothwendigkeit, dass „die Wirklichkeit der äusseren Erscheinungen auf dem unmittelbaren Bewusstsein ebenso beruhe, wie das Bewusstsein meiner eigenen Gedanken." II. 298. Damit ist natürlich nicht gesagt, dass jede anschauliche Vorstellung äusserer Gegenstände zugleich die Existenz derselben einschliesst. „Ob diese oder jene vermeinte Erfahrung nicht blosse Einbildung sei, muss nach den besonderen Bestimmungen derselben und durch Zusammenhaltung mit den Kriterien aller wirklichen Erfahrung ausgemittelt werden." II. 775.

Ich kann diesen Theil meiner Abhandlung nicht schliessen, ohne noch kurz einer Schrift zu gedenken, in welcher, was die „objective Realität" der Erscheinungswelt betrifft, über Berkeley und Kant Ansichten ausgesprochen werden, die den meinigen ganz entgegengesetzt sind. Es ist dies eine Schrift von E. v. Hartmann: „Das Ding an sich und seine Beschaffenheit. Berlin, 1871." Der Verf. giebt der Polemik gegen Berkeley und Kant die geistreiche Wendung, beide hätten sich „die Subreption einer mehr als subjectiven Wirklichkeit für die rein subjective" in ihrem Idealismus zu

Schulden kommen lassen. Diese Subreption sei eigentlich der Grundfehler Berkeley's und bilde die Grundlage des ganzen Systems, während Kant diesen Fehler nur gelegentlich und nebenbei begangen habe. S. 3. Der Verf. will ferner bewiesen haben, die strenge letzte Consequenz der Kant'schen Principien sei „ein Traum ohne Träumerei, ein Traum, der sich selbst träumt, ein Traum, der nicht einmal als Traum existirt, sondern sein Traumdasein nur träumt." (S. 28.) Damit im Einklang sagt der Verf., der Kant'sche transcendentale Idealismus ende in einen „absoluten Illusionismus", und es „gähne uns zuletzt der Wahnsinn des eine Welt erscheinenden Nichts an." Ich will es unerörtert lassen, ob das wohl eine richtige Kritik der Kant'schen Lehre ist, wenn man über die letzten Principien derselben aburtheilt, ohne die anderen kritischen Hauptwerke zu berücksichtigen; ich will auch die Frage unerörtert lassen, ob es wohl denkbar sei, wenn Berkeley und Kant wirklich solche Principien aufgestellt hätten, wie der Verf. meint, dass beide Denker während ihres ganzen Lebens die ungeheuerlichen Consequenzen nicht sollten inne geworden sein. Ich will nur auf den Grundfehler der v. Hartmann'schen Kritik hinweisen, durch den es nach meiner Meinung geschehen ist, dass der Verf. schliesslich auf die erwähnten Consequenzen der idealistischen Doctrin Berkeley's und Kant's kam. v. Hartmann will bewiesen haben, dass alle Versuche Kant's der Erscheinungswelt eine „objective" Realität zu sichern, gänzlich misslungen seien; aber Kant thue immer so, als habe er dieselbe bewiesen, und mache also den Fehler der Subreption einer mehr als subjectiven Realität der Erscheinungen. Dagegen bemerke ich Folgendes: Die „objective Realität" der Erscheinungswelt im Sinne v. Hartmann's stand für Berkeley und Kant von vornherein fest: sie war ihnen das Gewisseste, was es gab, weil beide Denker dieselbe auf das unmittelbare Bewusstsein gründeten, im Gegensatz zu der skeptischen Ansicht, dass wir von den Aussendingen nur mittelbare Gewissheit haben. Was beide unter diesem „unmittelbaren Bewusstsein" von den Dingen im Raume verstanden haben wollen, das haben sie überall auf's klarste ausgesprochen. Die Erscheinungen des äusseren Sinnes sind nach Berkeley Producte des göttlichen Geistes für den wahrnehmenden endlichen Geist und insofern in der Wahrnehmung von diesem abhängig und durch diesen bedingt. Unabhängig existiren sie natürlich von uns, insofern ihr Dasein nicht von unserem Willen abhängt. „The works of nature — — are not produced by, or dependent on the wills of men." sect. 146. Ebenso sind die Dinge nach Kant natürlich realiter im Raume vorhanden; nur ihre Form ist unsere subjective Zugabe. Die Materie der Vorstellungen ist in der Empfindung durch Einwirkung von aussen auf unsere Sinnesorgane gegeben. Damit ist die „objective Realität" der Erscheinungswelt vollständig gesichert. Denn wir sind uns derselben in den Anschauungen des äusseren Sinnes unmittelbar bewusst. Indem nun aber Berkeley und Kant in den Erscheinungen nichts anderes fanden, als in unseren Vorstellungen vorhanden ist, und die Realität, die nach der Ansicht der Gegner in der Beziehung der Vorstellung auf ein von dieser unabhängiges Object bestehen soll, für etwas Unverständliches, sich Widersprechendes ansahen, war der Unterschied zwischen subjectiv und objectiv in den actuellen Wahrnehmungen für sie nicht vorhanden. Die Identität von Subject und Object ist in dieser Beziehung eine Grundlehre der idealistischen Erkenntnisstheorie. In ähnlichem Sinne findet Identität statt zwischen Subjectivem und Objectivem in der Synthesis der Erscheinungen. Denn dass die Formen der sinnlichen Anschauung und die Kategorien, als die Bedingungen der Erfahrung zugleich Formen eines von unserem Bewusstsein unabhängigen Seins sein sollten, das war für Kant gleichfalls ein Widerspruch. „Objective Bedeutung kann nicht in der Beziehung auf eine andere Vorstellung (von dem, was man vom Gegenstande nennen wollte) bestehen; denn sonst erneuert sich die Frage, wie geht diese Vorstellung wiederum aus sich selbst heraus, und bekommt objective Bedeutung noch über die subjective, welche ihr, als Bestimmung des Gemüthszustandes eigen ist." II. 168. Wenn nun also ein Unterschied zwischen **subjectiv** und **objectiv** in dem Sinne, wie ihn v. Hartmann nimmt, gar nicht vorhanden ist, und wenn dennoch Kant sehr bestimmt zwischen **subjectiver** und **objectiver** Realität der Erscheinungen unterscheidet, so geht schon daraus hervor, dass Kant beide Begriffe in einem anderen Sinne verstanden haben muss. Und das ist bekanntlich in der That der Fall. Raum und Zeit sind **subjective** Anschauungsformen a priori; aber ihre **objective** Gültigkeit und Realität besteht darin, dass sie für uns allgemeine, nothwendige Bedingungen der Anschauung überhaupt sind, nicht darin, dass sie zugleich vermeintliche Formen eines von unserem Bewusstsein unabhängigen Seins sind. Nur wenn man dieses Sein als **phaenomenales** fasst, kann man sagen, sie sind **subjectiv** und **objectiv** zugleich, d. h. der Unterschied ist für die Erscheinungswelt keiner. Die Kategorien, als ursprüngliche Functionen des Erkennens, sind als solche **subjectiver** Natur; aber ihre **objective** Gültigkeit oder Realität liegt darin, dass sie allgemeine und nothwendige Bedingungen der Erfahrungserkenntniss sind, und diese ihre Realität erstreckt sich so weit, als sie, die Kategorien, in einer ihnen correspondirenden Anschauung dargestellt werden können. Somit hat bei Kant der Begriff des **Subjectiven** die Bedeutung des Einzelnen, Zufälligen, von dem besonderen Zustande des Subjects Abhängigen; das **Objective** aber die Bedeutung des Allgemeingültigen, Nothwendigen, unser Erkennen Bedingenden. Die reale Existenz der Dinge im Raume wird dabei selbstverständlich immer vorausgesetzt; ihr beharrliches Correlat ist das Ding an sich, oder sind die Dinge an sich. Indem nun v. Hartmann dem Kant'schen Begriff des Objectiven den seinigen, nach welchem das Objective etwas vom Bewusstsein Unabhängiges ist, supponirt, findet er natürlich dies Objective nirgendwo bei Kant als im Dinge an sich, sei es als transcendentales Object oder Subject oder als transcendente Ursache. Da aber Kant die Anwendung unserer Anschauungs- und Erkenntnissformen darauf untersagt, so folgert v. Hartmann, dass die ganze Erscheinungswelt eine rein subjective Realität habe und lauter Schein und Illusion sei, und dass, wo Berkeley und Kant eine mehr als subjective Realität in Anspruch nähmen oder zu beweisen glaubten, dies eine Erschleichung sei. Allein der Vorwurf der „Subreption", den sich jene beiden Denker sollen zu Schulden kommen lassen, fällt auf den Urheber zurück. Denn seine ganze Beweisführung geht von der falschen Voraussetzung aus, als habe Kant in den kritisirten Stellen „die objective Realität" der Erscheinungen in des Verf. Sinne nachweisen wollen. Daran dachte Kant gar nicht. Die Streiche also, welche v. Hartmann gegen Kant in so energischer Weise führt, gehen alle vorbei. Nachdem endlich v. Hartmann nachgewiesen zu haben glaubt, dass das, was Berkeley „Ideen", „Phaenomena", Kant „Erscheinungen" nennt, von Schein und Einbildung nicht im mindesten verschieden sei, will er „dem absoluten Illusionismus" Kant's dadurch aus dem Wege gehen, dass er nach Aufhebung des Kant'schen Verbotes, die Kategorien auf die Dinge an sich anzuwenden, annimmt, dass „die Wahrheit der Vorstellungsobjecte hinsichtlich ihrer synthetischen Formen nur dadurch möglich wird, dass die Dinge an sich in denselben logischen Formen existiren, wie die Objecte gedacht werden" (86). „Nur Uebereinstimmung der Vorstellung mit einem vom **Subject unabhängigen**, d. h. an sich seienden Dinge kann Wahrheit sein." Ich kann nicht annehmen, dass auf Seiten v. Hartmann's hier ein Missverständniss hinsichtlich des „vom **Subject Unabhängigen**" obwaltet, und will darunter das von den **Vorstellungen** und den **Erkenntnissformen** des **Subjectes Unabhängige** verstehen. Denn dass die Erscheinungen unabhängig von dem **Willen** des Subjectes sind, hat doch weder Berkeley noch Kant je geleugnet, sondern nur, dass sie von unserem Bewusstsein unabhängig existiren. Dafür geben Berkeley und Kant bestimmte Gründe an; diese hätte der Verfasser bekämpfen müssen. Ein von unserem Bewusstsein unabhängiges und doch durch unsere sinnlichen Anschauungsformen und durch Kategorien zu erkennendes, also davon abhängiges Ding an sich! Hölzernes Eisen! — Das Ding an sich oder die Dinge an sich, wenn man im Sinne Berkeley's und Kant's unmöglich etwas anderes darunter verstehen kann, als das Nicht-Phaenomenale, das Unsinnliche, das nicht sinnliche Correlat der Erscheinungen als das Princip der Bewegung, ist oder sind das von unserem Bewusstsein Unabhängige und also auch nicht durch unsere sinnlichen Anschauungsformen und Kategorien erkennbar. Von dieser ganz einfachen Wahrheit gingen Berkeley und Kant aus. Wollen wir uns um das Ding oder die Dinge an sich in diesem bestimmten Sinne vorstellen, so können wir es nur im Bilde, nur in sinnlichen Analogien, und thun wir dies, so können wir es nicht anders thun, als durch Anwendung der sinnlichen Anschauungsformen und der Kategorien, und dass man in diesem Sinne diese Formen auch auf Dinge an sich anwenden könne, hat Kant nie geleugnet, sondern ausdrücklich ausgesprochen, worauf ich noch zurückkomme. Auch Berkeley äussert sich über die Erkennbarkeit des Dinges an sich ähnlich wie Kant. (Progr. 24). Es ist nämlich ein reines Missverständniss, welches in den Darstellungen der Berkeley'schen Lehre in der Behauptung liegt, die Berkeley'sche Doctrin unterscheide sich dadurch von dem Kant'schen Idealismus, dass Berkeley das Ding an sich leugne. Auch v. Hartmann spricht dies aus und meint, Kant sei mit Recht denjenigen entgegengetreten, „welche seine Lehre mit dem das Ding an sich verwerfenden Berkeley'schen Idealismus in einen Topf werfen wollten" (41). Aber dieser irrthümlichen Behauptung widerspricht v. Hartmann selbst gleich darauf, und ist also mit sich selbst im Widerspruch über Berkeley. Denn S. 45 heisst es: „Berkeley hat auch eine innere Ursache (Ich an sich) und eine zweite transcendente Ursache, welche nicht Ich ist." Dies ist ganz richtig: beide, Berkeley und Kant, legen den Erscheinungen ein von uns durch die Formen unseres Bewusstseins nicht zu erkennendes Ich an sich und ein Nicht-Ich an sich zu Grunde..

Berkeley's und Kant's erkenntnisstheoretische Principien scheinen für v. Hartmann ein überwundener Standpunkt zu sein. Aber dass sie dieses überhaupt sind, ist noch lange nicht bewiesen, weder durch die Erkenntnisstheorie, auf welcher die „Philosophie des Unbewussten" errichtet ist, noch durch die, wie ich glaube, gänzlich verfehlte Kritik der Berkeley'schen und Kant'schen Principien, wie sie in der oben erwähnten Schrift enthalten ist.

III. Die Hauptdifferenzpunkte zwischen Berkeley und Kant.

Wir haben den Nachweis zu führen gesucht, dass Berkeley und Kant von einer gleichen Grundanschauung hinsichtlich der phaenomenalen Natur der Materie ausgingen, und dass die Kant'sche Auffassung der Berkeley'schen Doctrin auf Missverständnissen beruhte. „Kein Object ohne Subject", wie die Schopenhauer'sche Formel lautet, das ist der Inhalt des Grundgedankens beider Denker. Aber über diese Grundanschauung hinaus, sobald es sich um die Frage nach dem Grunde der Ideen oder der ursächlichen Herleitung der unmittelbaren Vorstellungen handelt, gehen die Wege beider weit auseinander. Die Kant'sche Lehre hält sich in bestimmten Grenzen, und sie ist als immanenter Idealismus zu bezeichnen; Berkeley dagegen überspringt die durch die Grundanschauung bedingten Grenzen, seine Lehre wird transcendent, und er sinkt damit zugleich in die alte dogmatische Anschauung, die er bekämpft hatte, wieder zurück. Dies wollen wir nunmehr näher entwickeln. Nach Berkeley können unsere unmittelbaren Sinneswahrnehmungen und Empfindungen nicht von uns selbst producirt sein (they are not generated from within by the mind itself. Sect. 90), sondern der göttliche Geist ist der Urheber derselben. Progr. 11. Der endliche, wahrnehmende Geist, obwohl der Geist überhaupt sonst das rein thätige

Princip im Vergleich mit den Ideen ist, verhält sich doch bei der Wahrnehmung auch zugleich passiv. Der Geist, sagt Berkeley, könne nur insofern bei seinen Wahrnehmungen thätig sein, als eine Willensäusserung mit denselben verbunden ist. Wenn ich z. B. eine Rose pflücke, sie an die Nase halte, dann Luft durch dieselbe ziehe, so sind das lauter Wirkungen des Willens. Dass ich aber dann einen Wohlgeruch empfinde, das ist von meinem Willen gänzlich unabhängig, und darin bin ich ganz passiv. Er sagt dann gleich darauf: „you are in the very perceptions of light and colours altogether passive." — „In short, do but consider the point, and then confess ingeniously, whether light and colours, tastes, sounds &c., are not all equally passions or sensations in the soul." Dial.1. Es setzt ja auch jede äussere Einwirkung auf unsere Sinnesorgane eine Receptivität, ein Leiden voraus. Wenn dies unzweifelhaft ist und mit Berkeley's eigener Lehre übereinstimmt (vergl. Ueberw. Anm. z. d. P. d. m. E. not. 44), so weiss ich nicht, mit welchem Rechte Collyns Simon folgende Behauptung aufstellen kann: „Nirgendwo sprechen wir von dem Geist als im Wahrnehmen leidend. Er ist immer activ, immer thätig — thätig, das Gegebene wahrzunehmen. Es ist ein bei einigen noch immer aushaltendes Missverständniss, den Geist oder die wahrnehmende Substanz als etwas anzusehen, worauf etwas eingedrückt sein könne, oder das fähig sei, Eindrücke zu leiden, wie man ehemals von dem Leibe voraussetzte. Wir halten dafür, dass der Geist nur thätig ist." Fichte, Zeitschrift 57. II. 1, S. 166. Dieses „nur thätig" ist nach Berkeley selbst nicht begründet; unser Geist ist bei unmittelbaren Wahrnehmungen activ und passiv zugleich. Somit ist auch die Behauptung Erdmann's, G. d. Ph. II. 326, 338, zu beschränken, der gleichfalls Berkeley den Geist als reine Thätigkeit fassen lässt. Dass unser wahrnehmender Geist im Bewusstwerden der Sinneseindrücke, also als unmittelbar wahrnehmender, activ ist, das versteht sich von selbst, und dies scheint Collyns Simon ausschliesslich im Sinne zu haben. Wir gehen aber noch einen Schritt weiter und erkennen, dass der wahrnehmende Geist nach Berkeley auch noch in einem ganz anderen Sinne passiv ist; er verhält sich nämlich im Wahrnehmen gänzlich unproductiv. Berkeley hat keine Ahnung davon, dass unser Ich bei der Wahrnehmung miterzeugend, das Empfindungsmaterial mitgestaltend ist. Wenn also Berkeley den Geist als das thätige Princip auffasst, so ist doch diese Auffassung gänzlich verschieden z. B. von der Fichte'schen Auffassung des Ich's als reiner Agilität. Diesem rein unproductiven Verhalten des Geistes bei der actuellen Wahrnehmung setzt Kant die Mitproduction des wahrnehmenden Geistes gegenüber, und durch seine Entdeckung, dass die Wahrnehmung ein Product aus Empfindung und apriorischer Anschauung ist, unterscheidet sich zunächst seine Theorie im Wesentlichen von der Berkeley'schen Auffassungsweise. Von einer die sinnlichen Eindrücke als Objecte in Raum und Zeit ordnenden Thätigkeit, von einem Bilden und Gestalten der Empfindung durch die Einbildungskraft, von einer solchen schöpferischen Mitbethätigung des Geistes bei den Ideen weiss Berkeley nichts; ihm sind sie Wirkungen des unendlichen Geistes. Vor Kant hatte auch Niemand an einen apriorischen Factor der sinnlichen Anschauung und an eine Thätigkeit der Einbildungskraft bei den Sinnesempfindungen gedacht. Dass Sinne auch a priori anschauen sollten, das hatte man sich gar nicht einfallen lassen, sagt Kant, Prol. III. 155, und ebenso heisst es II. 109: „Dass die Einbildungskraft ein nothwendiges Ingredienz der Wahrnehmung selbst sei, daran hat wohl noch kein Psychologe gedacht. Das kommt daher, weil man dieses Vermögen theils nur auf Reproductionen einschränkte, theils, weil man glaubte, die Sinne lieferten uns nicht allein Eindrücke, sondern setzten solche auch gar zusammen, und brächten Bilder der Gegenstände zu wege, wozu ohne Zweifel, ausser der Empfänglichkeit der Eindrücke, noch etwas mehr, nämlich eine Function der Synthesis derselben erfordert wird." „Diese Synthesis ist eine Wirkung der Einbildungskraft, einer blinden, obgleich unentbehrlichen Function der Seele, ohne die wir überall gar keine Erkenntniss haben würden, der wir aber nur selten uns einmal bewusst sind." II. 77. Unsere wahrnehmende Thätigkeit ist nach Kant eine Art mathematischen Construirens im Raume aus dem Empfindungsmateriale. Denn dieselbe bildende Synthesis, wodurch wir in der Einbildungskraft einen Triangel construiren, hält Kant mit derjenigen für einerlei, welche wir in der Apprehension einer Erscheinung ausüben, um uns davon einen Erfahrungsbegriff zu machen. II. 187. So sehen wir denn, dass Kant, was den Raum und dessen Modificationen, also die räumlich mathematischen Qualitäten der Dinge betrifft, diese nicht wie Berkeley vom unendlichen, sondern vom endlichen, wahrnehmenden Geiste produciren lässt, und zwar in unbewusster Weise bei den unmittelbaren Sinneswahrnehmungen. Der Stoff unserer Vorstellungen dagegen, der in der Empfindung gegeben ist, ist zwar rein subjectiver Natur, kann aber nach Kant natürlich nicht vom endlichen Geist producirt sein, sondern ist bedingt durch Affection von aussen. Erst hier können wir eine Vergleichung zwischen Berkeley und Kant hinsichtlich der transcendenten Ursache dieses materiellen Theils unserer Vorstellungen anstellen. Von Berkeley wissen wir freilich schon, dass auch die Materie der Ideen, wie die ganzen Ideen überhaupt, Productionen des göttlichen Geistes sind; er freut sich, dass für ihn die Frage, womit sich die Philosophen aller Zeiten unterhalten haben, wie nämlich Materie auf einen Geist wirken könne, nicht mehr vorhanden ist. Sect. 85. Berkeley überschreitet damit die Grenzen der Erfahrung im Erkennen; Kant, der besonnene Kritiker, bleibt innerhalb derselben und erklärt lieber seine Unwissenheit, als dass er dogmatisch darüber eine Erkenntniss vorgiebt. Darin treffen beide Denker allerdings wieder überein, dass sie sich, was die „berüchtigte" Frage nach dem commercium animi et corporis, oder, wie Materie auf den Geist wirken könne und umgekehrt, betrifft, mit den vor ihnen zur Erklärung aufgestellten Hypothesen durchaus nicht befriedigt erklären konnten, und beide bekämpften dieselben mit ähnlichen Gründen. Es lagen Berkeley und Kant drei Theorien über jenen Gegenstand vor: 1) Die Theorie des influxus physicus; 2) der assistentia divina; 3) der harmonia praestabilita.*) Berkeley nimmt in seiner Widerlegung nur auf die ersten beiden Hypothesen Rücksicht, Kant auf alle drei. Was die Widerlegung der Theorie des influxus physicus durch Berkeley betrifft, so verweisen wir auf das vorjährige Programm. Seine Gründe gegen diese Hypothese kommen darauf hinaus, dass erstlich nachgewiesen wird, dass bei derselben von der falschen Voraussetzung ausgegangen werde, als existirten die Sinnesobjecte in derselben Qualität wie die Ideen in einer materiellen Substanz an sich, unabhängig vom wahrnehmenden Geiste, und dass zweitens die Unmöglichkeit geltend gemacht wird, dass die Ursache unserer Ideen wieder innerhalb der Erscheinungswelt gesucht werden könne, da das Todte — die Erscheinungen — keine Wirkungen in uns, wie die Gedanken sind, hervorbringen könne. Progr. S. 11. Ganz dem entsprechend sagt Kant: „Sobald wir die äusseren Erscheinungen hypostasiren, sie nicht mehr als Vorstellungen, sondern in derselben Qualität, wie sie in uns sind, auch als ausser uns für sich bestehende Dinge, ihre Handlungen aber, die sie als Erscheinungen gegen einander im Verhältniss zeigen, auf unser denkendes Subject beziehen, so haben wir einen Charakter der wirkenden Ursachen ausser uns, der sich mit ihren Wirkungen in uns nicht zusammenreimen will, weil jener sich bloss auf äussere Sinne, diese aber auf den inneren Sinn beziehen, welche, ob sie zwar in einem Subject vereinigt, dennoch höchst ungleichartig sind. Da haben wir denn keine anderen äusseren Wirkungen, als Veränderungen des Orts,

---

*) Kant erklärt die obigen drei systemata psychologica für die „wirklich einzig möglichen Systeme", um die „Gemeinschaft des Denkenden und Ausgedehnten" zu erklären. Trendelenburg hat aber ein viertes System ersonnen, indem er jene Gemeinschaft durch das Princip der Bewegung im Denken und Sein vermittelt werden lässt.

und keine Kräfte, als blosse Bestrebungen, welche auf Verhältnisse im Raume, als ihre Wirkungen auslaufen. In uns aber sind die Wirkungen Gedanken, unter denen kein Verhältniss des Orts, Bewegung, Gestalt oder Raumesbestimmung überhaupt stattfindet, und wir verlieren den Leitfaden der Ursachen gänzlich an den Wirkungen, die sich davon in dem inneren Sinne zeigen sollten." II. 308. Ferner sagt Kant, es könne wider die gemeine Lehrmeinung des physischen Einflusses ein gegründeter kritischer Einwurf gemacht werden. „Eine solche vorgegebene Gemeinschaft zwischen zwei Arten von Substanzen, der denkenden und der ausgedehnten, legt einen groben Dualismus zum Grunde und macht die letztere, die doch nichts als blosse Vorstellungen des denkenden Subjects sind, zu Dingen, die für sich bestehen. Also kann der missverstandene physische Einfluss dadurch völlig vereitelt werden, dass man den Beweisgrund desselben als nichtig und erschlichen aufdeckt." II.313. Das syst. assist. div., ebenso wie das der harm. praestab. ist insofern eine Verbesserung des syst. infl. phys., als demselben die Erkenntniss zu Grunde liegt, dass die Materie und deren Bewegungserscheinungen nicht die Ursachen der Vorstellungen sein können, als einer ganz heterogenen Art der Wirkungen. II. 311. Aber indem nach beiden Theorien angenommen wird, dass sich ein drittes Wesen in's Mittel schlagen müsse, um, wo nicht Wechselwirkung, doch wenigstens Correspondenz und Harmonie zwischen beiden zu stiften, so fangen sie ihre Widerlegung davon an, dass sie das proton pseudos des physischen Einflusses in ihrem Dualismus annehmen. II. 312.

Es liegt mit einem Wort auch hier, wie Berkeley und Kant einstimmig sagen, die Voraussetzung von einer Materie an sich zu Grunde. II. 312. Princ. of h. k. sect. 61—71. Indem nun aber beide Denker ihrerseits an die Beantwortung der jenen Hypothesen zu Grunde liegenden Frage gehen, ergiebt sich, wie wir bereits angedeutet haben, eine gänzliche Verschiedenheit in der Anschauungsweise beider. Berkeley sieht mit den Occasionalisten den göttlichen Geist für den Urheber der Ideen an, nur beseitigt er ihren Begriff von Materie, der ihm zu extravagant erscheint, um einer Widerlegung zu bedürfen. Denn man müsste sich nach ihnen den Hergang bei der Erzeugung unserer Vorstellungen denken nach derselben Weise, wie ein Musiker durch die Noten geleitet wird, um jene harmonische Reihenfolge von Tönen hervorzubringen, welche man eine Melodie nennt, obwohl diejenigen, welche die Musik hören, die Noten nicht wahrnehmen, ja gänzlich unbekannt damit sein können. Sect. 71. Kant dagegen, der besonnene Kritiker, erklärt, ganz im Gegensatz zu der dogmatischen Behauptung Berkeley's, dass auf die Frage, wie in einem denkenden Subject überhaupt äussere Anschauung möglich sei, nämlich die des Raumes (einer Erfüllung desselben, Gestalt und Bewegung), es keinem Menschen möglich sei, eine Antwort zu finden. „Man kann diese Lücke unseres Wissens niemals ausfüllen, sondern nur dadurch bezeichnen, dass man die äusseren Erscheinungen einem transcendentalen Gegenstand zuschreibt, welcher die Ursache dieser Art Vorstellungen ist, den wir aber gar nicht kennen, noch jemals einen Begriff von ihm bekommen können." II. 313. Dieses transcendentale Object ist dasselbe, was Kant auch die intelligible oder nicht sinnliche Ursache unserer Vorstellungen des äusseren Sinnes nennt. „Die nicht sinnliche Ursache der Vorstellungen — streng genommen müsste Kant sagen — der Materie der Vorstellungen — ist uns gänzlich unbekannt, und diese können wir daher nicht als Object anschauen; denn dergleichen Gegenstand würde weder im Raume, noch der Zeit (als blossen Bedingungen der sinnlichen Vorstellung) vorgestellt werden müssen, ohne welche Bedingung wir uns gar keine Anschauung denken können. Indessen können wir die bloss intelligible Ursache der Erscheinungen überhaupt das transcendentale Object nennen, bloss, damit wir etwas haben, was der Sinnlichkeit als einer Receptivität correspondirt. Diesem transcendentalen Object können wir allen Umfang und

Zusammenhang unserer möglichen Wahrnehmungen zuschreiben und sagen, dass es vor aller Erfahrung an sich selbst gegeben sei." II. 391.

Seit Jacobi haben die Gegner des Kriticismus auf diese „intelligible Ursache" als auf die wunde Stelle desselben hingewiesen; es sei doch ein gewaltiger Widerspruch, dass Kant von den Verstandesbegriffen immer nur deren immanenten Gebrauch statuire und doch hier, was die Ursache der Sinnesaffectionen betreffe, die Kategorie der Causalität anwende, also einen transcendenten Gebrauch davon gegen seine ausdrückliche Lehre mache. Dieser Widerspruch soll nach Ueberweg, Geschichte d. Phil. III, 207, geradezu tödtlich für die kritische Doctrin sein. Allein dieser Vorwurf des Widerspruchs ist, wie wir schon vorhin bemerkt haben, nicht begründet. Denn Kant beschränkt die Anwendung der Kategorien bestimmt auf die Erscheinungen immer nur für das Erkennen, verwehrt aber nicht ihre Anwendung auch auf intelligible Gegenstände im blossen Denken, woraus sich der Begriff der Noumena ergiebt. „Damit man sich nicht voreiliger Weise an die besorglichen nachtheiligen Folgen dieses Satzes stosse (dass nämlich uns keine Erkenntniss a priori möglich sei, als lediglich von Gegenständen möglicher Erfahrung), will ich nur in Erinnerung bringen, dass die Kategorien im Denken durch die Bedingungen unserer sinnlichen Anschauungen nicht eingeschränkt sind, sondern ein unbegrenztes Feld haben, und nur das Erkennen dessen, was wir denken, das Bestimmen des Objectes, Anschauung bedürfe." II. 756. „Habe ich einmal reine Verstandesbegriffe, so kann ich auch wohl Gegenstände erdenken, die vielleicht unmöglich, vielleicht zwar an sich möglich, aber in keiner Erfahrung gegeben werden können, indem in der Verknüpfung jener Begriffe etwas weggelassen sein kann, was doch zur Bedingung einer möglichen Erfahrung nothwendig gehört (Begriff eines Geistes) oder etwa reine Verstandesbegriffe weiter ausgedehnt werden, als Erfahrung fassen kann (Begriff von Gott)." II. 91. Kant beschränkte die Anwendung des Causalverhältnisses zum Behufe der Erfahrung auf die Reihenfolge von Erscheinungen, in welcher die vorangehende Erscheinung die blosse Bedingung für den nothwendigen Eintritt der Wirkung ist. Geht man über diese immanente Causalität hinaus, so kommt man auf das causale Verhältniss zwischen Dingen an sich und Erscheinungen, und somit auf den Begriff der eigentlichen causa efficiens. Berkeley bringt einseitig die Causalität in diesem Sinne zur Anwendung, wie wir gleich sehen werden, während Kant unser Erkennen mit Recht auf die immanente Causalität beschränkte.

Diesem besonnenen, kritischen Standpunkt gemäss spricht Kant, wenn er auf das „transcendentale Object" oder die „intelligible Ursache" unserer Vorstellungen zu sprechen kommt, über dasselbe immer nur Vermuthungen aus, ohne auf „derlei Hypothesen" viel zu geben. Darin stimmt Kant mit Berkeley allerdings überein, dass dieses transcendentale Object, dieses x, das unsere Sinnesorgane afficirt, nur nach Analogie unseres Geistes gedacht werden kann. „Materie ist bloss äussere Erscheinung, deren Substratum durch gar keine anzugebende Prädikate erkannt wird; mithin kann ich von diesem wohl annehmen, dass es an sich einfach sei, ob es zwar in der Art, wie es unsere Sinne afficirt, in uns die Anschauung des Ausgedehnten und mithin Zusammengesetzten hervorbringt, und dass also der Substanz, der in Ansehung unseres äusseren Sinnes Ausdehnung zukommt, an sich selbst Gedanken beiwohnen, die durch ihren eigenen inneren Sinn mit Bewusstsein vorgestellt werden können. Auf solche Weise würde eben dasselbe, was in einer Beziehung körperlich heisst, in einer anderen zugleich ein denkendes Wesen sein, dessen Gedanken wir zwar nicht, aber doch die Zeichen desselben in der Erscheinung anschauen können." II. 289, 218. Vergl. Ueberw., G. d. Ph. III. 181.

Während also Kant von der intelligiblen Ursache des Stoffes unserer Vorstellungen nur ganz beiläufig und vermuthungsweise spricht, weil eben eine objective, anschauliche Erkenntniss des Uebersinnlichen etwas Menschen unmögliches ist, prätendirt Berkeley eine wirkliche Erkenntniss derselben und bestimmt jenen Urgrund als den unendlichen Geist, den alleinigen Producenten unserer Vorstellungen. Mit dieser rein dogmatischen Behauptung überspringt er die Grenzen der Erfahrung, und hier ist der Punkt gegeben, wo man in gewisser Beziehung der Lehre Berkeley's die wissenschaftliche Berechtigung absprechen muss. Die occasionalistische Schule, und nach ihr Berkeley, erkennen in der Natur nur bewusste Wirkungsweisen, nur Handlungen eines bewussten Willens, Ausflüsse eines persönlichen Geistes, der dann Berkeley zusammenfliesst mit dem Gotte des enthusiastisch-religiösen Glaubens, dessen Finger man in jeder Bewegung, in allen Lebensregungen erkennen soll. Er weist deshalb auch gern auf Stellen in der Bibel hin, wo dieser Glaube seinen Ausdruck findet: Jerem. 10, 13. „Der Herr ziehet die Nebel auf vom Ende der Erde; er macht die Blitze im Regen und lässt den Wind kommen aus verborgenen Orten." Amos 5, 8. „Er macht aus der Finsterniss den Morgen und aus dem Tage die finstere Nacht." Psalm 65, 10—14. „Du suchest das Land heim und wässerst es und machest es sehr reich. Du segnest sein Gewächs und krönest das Jahr mit Deiner Güte. Die Anger sind voll Schafe und die Auen stehen dick mit Korn." Auf diesem Standpunkt giebt es in der ganzen Natur kein unbewusstes Wirken; die ganze Sphäre des Unbewussten, des Willens in der Natur ist damit aufgehoben, damit aber zugleich der Naturforschung ihr eigentliches Gebiet entzogen. Für Berkeley sind die Naturerscheinungen nur Merkmale und Zeichen zu unserer Belehrung, und nur ihre Erforschung und ihr Verständniss ist Aufgabe der Naturwissenschaft. Sect. 66. 155. Berkeley verkennt ganz und gar, dass die Stufenfolge der Organisation und der Uebergang von der unbelebten zur belebten Natur deutlich eine productive Kraft verräth, die erst allmählich sich zum vollen Bewusstsein entwickelt. Berkeley war sich des unvereinbaren Gegensatzes, in welchen er mit der Naturwissenschaft seiner Zeit durch seine Lehre trat, vollkommen bewusst, und darum führte er einen energischen Kampf gegen dieselbe. Diesem Kampfe hat Baumann in dem angeführten Werke eine ausführliche Darstellung gewidmet und hat unserem Philosophen die Anerkennung nicht versagen können, dass er ihn mit Verstand und Geschick geführt hat. Aber dieser Kampf gegen die Naturwissenschaft wurde von Berkeley, wie Baumann und Andere zu glauben scheinen, nicht deshalb unternommen, weil seine idealistische Grundanschauung sich nicht mit jener Wissenschaft vertrug, sondern wegen der dogmatischen Consequenzen, welche er mit derselben und zwar im Widerspruch damit verknüpfte, weil er eben religiöse Glaubenssätze für speculative Erkenntnisse ausgab, und somit schliesslich der theologische Standpunkt seine Grundlehre beherrschte. Denn nach meiner Meinung steht eine richtig verstandene idealistische Erkenntnisstheorie, zumal die Kant's, mit der Naturwissenschaft nicht in dem mindesten Widerspruch. Für den Naturforscher kann es ganz gleichgültig sein, ob der Philosoph das Object seiner Forschung Erscheinung oder Ding an sich nennt. „In allen Aufgaben, die im Felde der Erfahrung vorkommen mögen, behandeln wir die äusseren Erscheinungen als Gegenstände an sich selbst, ohne uns um den ersten Grund ihrer Möglichkeit (als Erscheinungen) zu bekümmern." II. 313. Der kritische Idealismus hat seine ganze Bedeutung nach einer ganz anderen Seite hin. Von seinen erkenntnisstheoretischen Principien aus werden Dogmatismus, Skepticismus und Materialismus als nichtige und oberflächliche Anschauungsweisen nachgewiesen.

Es ist nur eine weitere Consequenz des Berkeley'schen Standpunktes, dass, eben so wie wir die einzelnen Erscheinungen ohne alle Mitproduction unseres Geistes wahrnehmen, so auch die Verknüpfung derselben oder die Naturgesetze Bestimmungen des göttlichen Geistes sind, in uns zugleich mit den Erscheinungen gewirkt werden und uns somit von aussen her zum Bewusstsein kommen. „The set rules, or established methods, wherein the mind, we depend on excites in us the ideas of sense, are called the laws of nature." Sect. 30. Hierin ergiebt sich nun ein zweiter Hauptdifferenzpunkt zwischen Berkeley und Kant. Denn während nach Berkeley alle unsere Erkenntnisse empirischer Art sind und es also keine allgemeinen und nothwendigen, sondern nur comparativ allgemeine Erkenntnisse geben kann, hält Kant gerade das für das eigentliche unterscheidende Kennzeichen seiner kritischen Doctrin von allen früheren philosophischen Systemen, dass er in den Kategorien einen apriorischen Factor unseres Erkennens entdeckt und nachgewiesen habe. Denn erst durch die Anwendung derselben auf die Erscheinungen gewinnen wir objective Erkenntnisse und verschaffen den Gegenständen objective Realität. Und eben so, wie die mathematischen Erkenntnisse allgemeingültig und nothwendig sind, weil sie aus der reinen Anschauung a priori entspringen, eben so sind es auch die aus den Kategorien hergeleiteten Grundsätze des reinen Verstandes, welche wir auf die Erscheinungswelt anwenden. Berkeley erklärt, wir könnten zwar durch aufmerksame Beobachtung die allgemeinen Gesetze der in unseren Gesichtskreis fallenden Erscheinungen in der Natur entdecken und von diesen die anderen Phaenomena ableiten, aber nicht als nothwendig erweisen. „Denn, sagt er, alle Deductionen dieser Art hängen von der Voraussetzung ab, dass der Urheber der Natur stets gleichmässig wirke, und mit beständiger Beobachtung derjenigen Gesetze, welche wir für Principien nehmen. Das können wir aber mit Sicherheit nicht wissen." Sect. 107. Umgekehrt lässt Kant die Naturgesetze Bestimmungen des endlichen Geistes sein. „Die Ordnung und Regelmässigkeit an den Erscheinungen, die wir Natur nennen, bringen wir selbst hinein, und würden sie auch nicht darin finden können, hätten wir sie nicht oder die Natur unseres Gemüthes ursprünglich hineingelegt. Denn diese Natureinheit soll eine nothwendige d. i. a priori gewisse Einheit der Verknüpfung der Erscheinungen sein. Wie sollten wir aber wohl a priori eine synthetische Einheit auf die Bahn bringen, wären nicht in den ursprünglichen Erkenntnissquellen unseres Gemüthes subjective Gründe solcher Einheit a priori enthalten, und wären diese subjectiven Bedingungen nicht zugleich objectiv gültig, indem sie Gründe der Möglichkeit sind, überhaupt ein Object der Erfahrung zu erkennen." II. 113. 114. Vergl. 181.

Nach Berkeley waltet der göttliche Geist nach den von ihm selbst gegebenen Gesetzen unmittelbar im Mechanismus und im Leben der Natur, und zwar nach Gesetzen, an welche er sich zu weisen Zwecken gebunden. Fragt man zunächst, welches diese Zwecke seien, so sind es ähnliche, welche ein weiser Pädagoge hat, der väterlich für die Lebenswohlfahrt seiner Zöglinge sorgt. Darin tritt uns der eudaemonistische, wie anthropologistische Charakter der Lehre entgegen, und dass sie dadurch tief unter der Kant'schen Doctrin steht, wie sie in den beiden anderen kritischen Hauptwerken ausser der Kr. d. r. V. niedergelegt ist, das bedarf keiner weiteren Auseinandersetzung. Aber noch mehr. Jene Autonomie des göttlichen Willens, wodurch Berkeley die Einheit der Erfahrung zu behaupten sucht, ist doch nur ein Schein. Denn sie stimmt schlecht mit der aus seiner Lehre nothwendig hervorgehenden Annahme einer ursprünglichen und perpetuirlichen Schöpfung durch den göttlichen Geist aus Nichts, der zugleich das, was er erschaffen hat, wieder vernichten kann, und der sich auch nach Belieben von der gesetzmässigen Wirkungsweise entbinden kann, um Wunder zu thun, deren Nothwendigkeit dadurch erklärt wird, dass solche Ausnahmen von den allgemeinen Gesetzen der Natur geeignet seien zu überraschen und die Menschen zu ehrfurchtsvoller Anerkennung des göttlichen Wesens zu führen. Sect. 63. Der Kant'sche Kriticismus hält sich, was den Schöpfungsbegriff betrifft, bestimmt innerhalb der Erfahrungsgrenzen. „Gigni de nihilo nihil; in nihilum nihil posse reverti", sagt Kant (II. 159), „waren zwei Sätze, welche die Alten unzertrennt verknüpften und die man aus Missverstand jetzt bisweilen

trennt, weil man sich vorstellt, dass sie Dinge an sich selbst angehen, und der erstere der Abhängigkeit der Welt von einer obersten Ursache (auch sogar ihrer Substanz nach) entgegen sein dürfte, welche Besorgniss unnöthig ist, indem hier nur von Erscheinungen im Felde der Erfahrung die Rede ist, deren Einheit niemals möglich sein würde, wenn wir neue Dinge (der Substanz nach) wollten entstehen lassen."—
„Wenn der Ursprung aus Nichts als Wirkung von einer fremden Ursache angesehen wird, so heisst er Schöpfung, welche als Begebenheit unter Erscheinungen nicht zugegeben werden kann, indem ihre Möglichkeit allein schon die Einheit der Erfahrung aufheben würde." II. 174.

Was den psychologischen Theil der Berkeley'schen Doctrin betrifft, so will ich noch kurz erwähnen, indem ich auf das vorigjährige Programm S. 24—25 verweise, dass Berkeley und Kant übereinstimmend erklären, dass die Seele, das Princip der Bewegung und Thätigkeit, das Ding an sich, insofern für uns unerkennbar sei, als wir unmöglich eine sinnliche Vorstellung (Idee) von derselben haben können; nur an den Wirkungen erkennen wir den Geist. „That this substance (spirit) which supports or perceives ideas should itself be an idea, or like an idea, is evidently absurd." Sect. 135. Nur in einem weiteren Sinne können wir nach Berkeley sagen, dass wir eine Idee oder vielmehr einen Begriff von der Seele haben; wir verstehen nämlich die Bedeutung des Wortes; sonst könnten wir ja davon weder etwas bejahen noch verneinen. Während nun aber Kant sich streng in den Grenzen seines kritischen Idealismus hält und in der Kritik der Paralogismen der reinen Vernunft uns die Befugniss abspricht, der Seele transcendentale Prädicate beizulegen, ohne dieselben in der concreten sinnlichen Anschauung aufzuweisen, thut Berkeley das Gegentheil und behauptet dogmatisch die Einfachheit der Seelensubstanz und ihre natürliche Unsterblichkeit.

Wenn man die in dem Bisherigen entwickelten Hauptunterschiede, welche die nächsten Consequenzen betreffen, die beide Denker aus ihrer idealistischen Doctrin zogen, erwägt, so dürfte unsere oben ausgesprochene Behauptung sich als begründet erweisen, dass der Idealismus Kant's immanent bleibt und also mit dem Princip im Einklang ist, dass aber zuletzt bei Berkeley das religiös-theologische Interesse überwiegt und ihn in den Dogmatismus zurückwirft. Daher stimme ich Lange („Geschichte des Materialismus. Iserlohn 1866") bei, wenn er von Berkeley (S. 236) sagt, „seine Philosophie hört auf, wo sein eigentlicher Zweck hervortritt." Es bedarf wohl kaum der Bemerkung, dass von einer weiteren Vergleichung zwischen Berkeley und Kant, etwa hinsichtlich ihrer Leistungen auf verschiedenen Gebieten der Wissenschaft, ihrer Bedeutung für die Förderung der philosophischen Probleme und ihrer Anregung und Einwirkung auf das ganze Zeitalter selbstverständlich hier nicht die Rede sein konnte. Die ungleich grössere Bedeutung Kant's in dieser Beziehung steht ohnehin fest.

Es ist eine eigenthümliche Erscheinung, dass zwei in einer gewissen Beziehung congeniale Denker zu verschiedenen Zeiten auf eine gleiche Grundanschauung kamen, und zwar ganz unabhängig von einander, dass aber der spätere seinen voraufgegangenen Geistesverwandten, was das von ihm aufgestellte idealistische Princip betrifft, nicht erkannte. Hätte Kant die Berkeley'sche Schrift über die Princ. d. m. E. näher gekannt, und hätte er von derselben, wie zu vermuthen steht, nicht bloss durch unzuverlässige Referate gewusst, so müsste er in Berkeley, was dessen Grundprincip betrifft, bei aller sonstigen Abweichung von ihm, doch seinen Vorgänger erblickt haben. Aber Kant's Interesse war viel mehr als auf Berkeley auf dessen Landsmann Hume gewandt. Hume war es ja gewesen, der ihn aus dem dogmatischen Schlummer geweckt hatte. Der Causalitätsbegriff war es, wie Kuno Fischer (Geschichte d. Phil. III. 364) mit Recht von Kant sagt, an welchem die Geschichte seiner Untersuchung beginnt und fortschreitet. Dies deutet Kant auch selbst noch in den Prolegg. an. Der Idealismus, d. h.

„die bewiesene Idealität des Raumes und der Zeit", der durch sein ganzes Werk (Kr. d. r. V.) gehe, sei bei weitem noch nicht die Seele des Systems. Die Metaphysik der synthetischen Erkenntniss a priori sei die eigentliche Aufgabe gewesen, auf deren Auflösung das Schicksal der Metaphysik gänzlich beruht habe, und worauf seine Kritik ganz und gar hinausgelaufen sei. Der Idealismus sei nur als das einzige Mittel, jene Aufgabe zu lösen, in den Lehrbegriff aufgenommen worden. III. 154, 158. Bei dieser Richtung seiner Forschung mochte Kant auf Berkeley näher einzugehen nicht für der Mühe werth erachten.

Mit dem Nachweis, dass die nach unserer Ansicht unwiderlegliche Grundwahrheit des idealistischen erkenntnisstheoretischen Princips von Berkeley und Kant in ähnlicher Weise, wenn auch von Kant umfassender und tiefer begründet worden ist, und mit dem Hinweis auf die Hauptdifferenz zwischen beiden Denkern, was die nächsten aus dem Princip entwickelten Consequenzen betrifft, haben wir unsere Aufgabe erfüllt. Philosophische Forschungen erfreuen sich heut zu Tage keiner besonderen Gunst. Die historischen Wissenschaften im engeren Sinne und vor allen die Naturwissenschaften behaupten den Vorrang. Hinsichtlich der Philosophie lassen sich ähnliche Klagen vorbringen, wie Kant sie in der Vorrede zur ersten Auflage der Kr. d. r. V. erhebt. „Es war eine Zeit, in welcher die Philosophie die Königin aller Wissenschaften genannt wurde, und, wenn man den Willen für die That nimmt, so verdiente sie, wegen der vorzüglichen Wichtigkeit ihres Gegenstandes, allerdings diesen Ehrennamen. Jetzt bringt es der Modeton des Zeitalters so mit sich, ihr alle Verachtung zu beweisen, und die Matrone klagt, verstossen und verlassen, wie Hecuba: „modo maxima rerum, tot generis natisque potens — nunc trahor exul, inops. Ovid. Metam." Die Versuche der Gegenwart zu neuen Systemen, namentlich diejenigen, welche von philosophirenden Naturforschern hier und da gemacht sind, laufen meistens auf einen anmassenden Dogmatismus hinaus. Dasselbe gilt von den „improvisirten" Systemen, die mehr oder weniger mit der pessimistischen Philosophie Schopenhauer's zusammenhängen. Weit entfernt, dass solche Erzeugnisse den Geist echt philosophischer Forschung neu beleben und eine nachhaltige Wirkung üben, fördern sie durch ihren dogmatischen und anthropologischen Character, indem sie vorgeben, alle Räthsel des Lebens und alle Probleme der Wissenschaft gelöst zu haben, nur noch mehr die ohnehin schon grosse Denkträgheit unserer Zeit, von welcher das Berkeley'sche Wort gilt: „Alle wollen eine Meinung haben, aber wenige wollen denken." Der Verfall der philosophischen Wissenschaft bei einem Volke ist immer ein Zeichen, dass die Denkkraft, wenn auch vielleicht nur zeitweilig, schwächer geworden ist. Das deutsche Volk hat durch die jüngsten ruhmreichen Kämpfe bewiesen, dass es die alte Thatkraft ungeschwächt bewahrt hat, wenn es gilt, die höchsten Güter der Nation zu vertheidigen und ungerechte Angriffe zurückzuweisen. Möge aber neben dieser Thatkraft der philosophische Geist, d. h. der Geist des ernsten, angestrengten Denkens, und vor allem jener besonnene, kritische, von sittlicher Würde und idealer Hoheit getragene Geist, wie er in Kant lebendig war, nie unter uns schwinden!

Dr. F. Frederichs.

Schulnachrichten.

Lehrverfassung.

Zur Erläuterung.

Durch Verfügung des Königlichen Schulcollegii der Provinz Brandenburg vom 30. April 1863 ist angeordnet worden, dass der Grundlehrplan einer höheren Lehranstalt enthalten soll: „1. die Klassenziele, 2. die Unterrichts-Pensa nach den einzelnen Semestern, 3. die zu benutzenden Lehrbücher, 4. die Art und Termine der schriftlichen Correctur-Arbeiten, 5. die auf die einzelnen Unterrichtsobjecte zu verwendende wöchentliche Zahl der Stunden." Auf dieser Verfügung beruht die Form der nachstehenden Lehrverfassung. Der leichteren Uebersicht wegen ist a) das in früheren Klassen durchgenommene und in höheren Klassen zu wiederholende Pensum, b) die Lectüre, c) der Memorirstoff unter besonderen Rubriken erwähnt worden, so dass, um in den einzelnen Klassen möglichst gleichmässig zu verfahren und unnöthige Wiederholungen zu vermeiden, die einzelnen Lehrfächer nach folgenden Rubriken behandelt werden: 1. Zahl der wöchentlichen Stunden, 2. Name des unterrichtenden Lehrers, 3. Klassenziel, 4. Pensum, 5. Wiederholung, 6. Lectüre, 7. Uebersetzung aus dem Deutschen in eine fremde Sprache, 8. Memorirstoff, 9. Lehrbücher, 10. Schriftliche Correctur-Arbeiten.

Wo die Unterrichts- und Prüfungs-Ordnung vom 6. October 1859 über die Klassenziele etwas Specielles angiebt, ist die betreffende Stelle citirt worden.

Für die geehrten Eltern unserer Schüler bemerke ich, dass die unter den Rubriken 1—10 erwähnten Theile der Lehrverfassung auf folgende Fragen Antwort geben sollen: 1. Wieviel Lehrstunden sind dem betreffenden Lehrgegenstand eingeräumt? 2. Wie heisst der unterrichtende Lehrer? 3. Was hat ein Schüler zu leisten, der in die nächsthöhere Klasse versetzt werden. resp. das Abiturienten-Examen machen will? 4. Was ist in dem verflossenen Schuljahr, d. h. im Wintersemester, resp. Sommersemester, durchgenommen worden? 5. Was ist aus dem Pensum der früheren Klassen wiederholt worden? 6. Welche Stellen aus klassischen Autoren resp. aus der Anthologie oder dem Lesebuche sind in dem verflossenen Schuljahre gelesen resp. übersetzt und erklärt worden? 7. Welche Stellen aus den betreffenden Uebungsbüchern sind aus dem Deutschen in fremde Sprachen übertragen worden? 8. Welche Stellen aus Schriftstellern, welche Kirchenlieder und Sprüche etc. sind auswendig gelernt worden? 9. Welche Lehrbücher werden beim Unterricht benutzt? 10. Welche schriftlichen Arbeiten hat der Schüler anzufertigen gehabt?

Es liegt auf der Hand, dass in vielen Fällen auf die Frage ad 3 nur geantwortet werden kann: „Er muss sich das Pensum der Klasse angeeignet haben". — Wenn über eine der erwähnten 10 Rubriken nichts zu sagen war, so ist dieselbe einfach übergangen worden. Die Rubrik Nr. 10 z. B. ist in dem Religions-Unterricht niemals ausgefüllt worden, weil die Schüler in diesem Lehrfache keine schriftlichen Correctur-Arbeiten zu liefern haben. Ebenso ist die Rubrik Nr. 8 da übergangen worden, wo sich der Memorirstoff aus Nr. 5 von selbst ergiebt. Die auswendig zu lernenden Kirchenlieder und Bibelsprüche sind im Anhange übersichtlich zusammengestellt. Das Verzeichniss der eingeführten Schulbücher ist, nach Klassen und Fächern geordnet, auf einer Tabelle am Ende des Programms angegeben worden. — Da die Verhältnisse in Berlin es nothwendig machen, dass alle halbe Jahr Versetzungen stattfinden, so sind in den unteren Klassen die Pensa so abgemessen worden, dass sie in einem Semester durchgenommen und im nächsten wiederholt resp. ergänzt werden können. — Der Druckersparniss wegen sind folgende Abkürzungen angewendet worden: Cf. bedeutet Conferatur (man vergleiche). U. P. O. Unterrichts- und Prüfungs-Ordnung. S. mit folgender Ziffer: Seite. S. allein: Sommersemester. W. Wintersemester. K. Klassenziel. P. Pensum. S. C. Schriftliche Correctur-Arbeit. St. w. Stunden wöchentlich. A. G. Auswendig gelernt wurde. G. L. Gelesen wurde. U. w. Uebersetzt wurde. W. w. Wiederholt wurde. Gr. Grammatik. H. A. Häusliche Arbeiten.

A. Lehrplan der Dorotheenstädtischen Realschule
nach der Unterrichts-Ordnung vom 6. October 1859.

Prima. Cursus zweijährig. Ordin. Oberl. Dr. Flohr.

1. **Religion.** 2 St. w. Der Director. — K. Cf. U. P. O. S. 6, §. 2. *Die Prüfung in der Religion hat hauptsächlich nachzuweisen, dass die Schüler mit der positiven Lehre ihrer kirchlichen Confession bekannt sind und eine genügende Bibelkenntniss besitzen. Demgemäss muss der evangelische Abiturient die Hauptstücke des Katechismus und biblische Belegstellen dazu kennen und verstehen, mit Anordnung, Inhalt und Zusammenhang der h. Schrift und besonders mit den für den kirchlichen Lehrbegriff wie tigen Büchern des Neuen Testaments bekannt sein. Aus der allgemeinen Kirchengeschichte muss er die wichtigsten Begebenheiten und Personen, genauer das apostolische und Reformationszeitalter und das Augsburgische Bekenntniss und im Zusammenhange damit die wichtigsten Confessions-Unterschiede kennen. Einige der in den kirchlichen Gebrauch aufgenommenen Lieder muss er auswendig wissen.* — P. im W. Kirchengeschichte, im S. Sittenlehre. — G. L. im S. die Psalmen. — W. w. die 5 Hauptstücke nach Luthers kleinem Katechismus. — A. G. s. Anhang. — NB. Der ganze Cursus umfasst 4 Semester, nämlich 1. Glaubenslehre, 2. Erklärung der Paulinischen Briefe, 3. Kirchengeschichte, 4. Sittenlehre.

2. **Deutsch.** 3 St. w. Prof. Dr. Pierson. — K. Cf. U. P. O. S. 7, §. 2. *Der Abiturient muss im Stande sein, ein in seinem Gesichtskreise liegendes Thema mit eigenem Urtheile in logischer Ordnung und in correcter und gebildeter Sprache zu bearbeiten. Ebenso muss der mündliche Ausdruck einige Sicherheit in präciser, zusammenhängender und folgerichtiger Rede erkennen lassen. Auf dem Gebiete der deutschen Literaturgeschichte muss der Abiturient mit den wichtigsten Epochen ihres Entwickelungsganges seit der Mitte des vorigen Jahrhunderts durch eigene Lectüre bekannt und davon Rechenschaft zu geben im Stande sein.* — P. 1 St. Literaturgeschichte im W. von den ältesten Zeiten bis zum Anfange der klassischen Periode (1725); im S. von 1725 bis 1832. — G. L. Im W. Schillers Wallenstein; im S. Goethes Tasso und Abschnitte aus Viehoffs Handbuch der Nationalliteratur. 1 St. Uebungen im freien Vortrage und Declamiren im Anschluss an das Gelesene. 1 St. Aufsätze, besonders Abhandlungen, Uebungen im Disponiren. — W. w. Verslehre, (besonders die jambischen Versmasse, Hexameter und Pentameter), Poetik, besonders die epische Poesie, Rhetorik, besonders die Redefiguren und Tropen. — A. G. Ausgewählte Stellen aus den gelesenen Stücken, sowie einzelne Gedichte von Schiller, Goethe, Herder u. a. — S. C. Alle drei Wochen ein Aufsatz.

3. **Latein.** 3 St. w. Oberl. Dr. Frederichs. — K. Cf. U. P. O. S. 7, §. 2. *Der Abiturient muss befähigt sein, aus Caesar, Sallust, Livius früher nicht gelesene Stellen, die in sprachlicher und sachlicher Hinsicht keine besonderen Schwierigkeiten haben, und ebenso aus Ovid und Vergil solche Stellen, die wenigstens im letzten Semester nicht durchgenommen worden sind, mit grammatischer Sicherheit in gutes Deutsch zu übertragen; das epische und elegische Versmass muss ihm bekannt sein.* — P. Da die Kenntniss der Grammatik bereits bei der Versetzung nach Prima nachgewiesen werden muss, so ist das grammatische Pensum der Prima lediglich eine Wh. der Grammatik, sowohl der Formenlehre als der Syntax, im Anschluss an die Lectüre. — G. L. im W. Liv. lib. XXXVIII, 30—60 — XXXIX, 1—30. Verg. Aen. lib. V; im S. Liv. lib. XXXIX. 31— 56. lib. XL. Verg. Aen. lib. VI. — A. G. Verg. Aen. lib. III, 1—50, IV, 1—50. — l. J. Livius, 2. Vergils Aeneide, 3. Caesar d. b. G., 4. Lat. Grammatik von Moiszisstzig. — H. A. Die Schüler hatten sich zu jeder Stunde entweder auf 40 Verse im Vergil oder auf 1—2 Capitel im Livius zu präpariren und jede Woche 5 lateinische Verse aus dem gelesenen Abschnitt zu lernen. Dann und wann wurde eine schriftliche Uebersetzung aus dem Lateinischen ins Deutsche gemacht.

4. **Französisch.** 4. St. w. Oberl. Dr. Scholle. — K. Cf. U. P. O. S. 7, §. 2. *Im Französischen und Englischen muss grammatische und lexikalische Sicherheit des Verständnisses und eine entsprechende Fertigkeit im Uebersetzen ausgewählter Stellen aus prosaischen und poetischen Werken der klassischen Periode erreicht sein. Der Abiturient muss ferner des schriftlichen Ausdruckes so weit mächtig sein, dass er über ein leichtes historisches*

Thema einen Aufsatz zu schreiben und ein Dictat aus dem Deutschen ohne grobe Germanismen und erhebliche Verstösse gegen die Grammatik zu übersetzen im Stande ist. *Der geschichtliche Stoff des Themas, das aus der Literaturgeschichte nicht zu wählen ist, muss dem Schüler hinlänglich bekannt geworden sein. Die Fähigkeit im mündlichen Gebrauch der französischen und englischen Sprache muss wenigstens zur Angabe des Inhalts gelesener Stellen, zur Erzählung historischer Vorgänge und zusammenhängender Antwort auf französisch oder englisch vorgelegte und an das Gelesene anknüpfende Fragen ausreichen. Aus der Literaturgeschichte ist genauere Bekanntschaft mit einigen Epoche machenden Autoren und Werken beider Literaturen aus der Zeit Ludwigs XIV. und der Königin Elisabeth erforderlich.* — P. im W. und S. 2 St. Lectüre; das Wichtigste aus der Literaturgeschichte im Anschluss an dieselbe. 1 St. Wh. und Erweiterung der Grammatik nach Plötz Curs. II.; Synonymik. 1 St. Uebersetzung aus dem Deutschen. — Uebungen in der Conversation; Vorträge mit und ohne Präparation; Besprechung der Aufsätze. — G. L. im W. Athalie von Racine und Descartes nach Herrig's Handbuch; im S. L'Avare von Molière. — U. w. aus dem Deutschen in's Französische im W. Lessing's Minna von Barnhelm, Act V., im S. Gutzkow's Zopf und Schwert, Act I, Sc. 1—4. — A. G. Ausgewählte Stellen aus den gelesenen Stücken. — S. C. Alle drei Wochen ein französischer Aufsatz; ausserdem in den Wochen, in welchen kein Aufsatz abgeliefert wurde, ein Exercitium oder ein Extemporale.

5. **Englisch.** 3 St. w. Oberl. Dr. Scholle. — K. Dasselbe ist aus der U. P. O. sub 4. mitgetheilt. — P. 2 St. Lectüre; das Wichtigste aus der Literaturgeschichte im Anschluss an dieselbe. 1 St. abwechselnd Uebersetzung in's Englische aus Lessing's Minna von Barnhelm, Act III. u. IV., und Wh. und Erweiterung der Grammatik. Synonymik; Uebungen in der Conversation: Vorträge mit und ohne Präparation; Besprechung der Aufsätze. — G. L. im W. Shakespeare's Merchant of Venice und Swift, nach Herrig's Handbuch; im S. Dicken's Christmas Carol. — A. G. Einige Stellen aus den gelesenen Dichtern. — L. Herrig's Handbuch der englischen Literatur. 2. Wagner's Grammatik der englischen Sprache, herausgegeben von Herrig. — S. C. Alle 3 Wochen ein englischer Aufsatz, ausserdem in den Wochen, in welchen kein Aufsatz abgeliefert wurde, ein Exercitium oder ein Extemporale.

6. **Geschichte.** 2 St. w. Der Director. — K. Cf. U. P. O. II., §. 2, Nr. 5, S. 7. *In der Geschichte muss der Abiturient sich eine geordnete Uebersicht über das ganze Gebiet der Weltgeschichte angeeignet haben, die griechische Geschichte genauer bis zum Tode Alexanders des Grossen, die römische bis zum Kaiser Marcus Aurelius, die deutsche, englische, französische, besonders von den letzten drei Jahrhunderten, kennen, und die brandenburgisch-preussische specieller seit dem dreissigjährigen Kriege, so dass von der Entwickelung des gegenwärtigen europäischen Staatensystems eine deutliche Vorstellung nachgewiesen werden kann. Dabei muss eine Bekanntschaft mit den Hauptdaten der Chronologie und eine klare Vorstellung vom Schauplatze der Begebenheiten vorhanden sein.* — Das Geschichts-Pensum zerfällt in drei Curse. Der erste 3jährige umfasst die Klassen Sexta, Quinta und Quarta (Biographischer Cursus). Vergleiche die Instruction des Provinzial-Schul-Collegiums zu Münster vom 18. August 1830 und vom 22. Sept. 1859. Der zweite 3½jährige Cursus umfasst die Klassen Tertia, Unter- und Ober-Secunda (Zusammenhängende Darstellung nach Dielitz, Länderkunde und Bildung der Staaten. Ethnographischer Cursus.) Der dritte 2jährige Cursus in Prima ist wesentlich repetitorisch (Universal-historischer Cursus. Pragmatische Methode). — P. im W. Alte Geschichte; im S. Mittlere Geschichte. — W. w. im W. Mittlere Geschichte; im S. Neue Geschichte. — A. G. Die chronologischen Daten.

7. **Geographie.** 1 St. w. Der Director. — K. Cf. U. P. O. §. 2, Nr. 6, S. 7. *In der Geographie wird eine allgemeine Kenntniss der physischen Verhältnisse der Erdoberfläche und der politischen Ländereintheilung gefordert, mit Berücksichtigung des für die überseeischen Verbindungen Europas Bedeutenden; genauere Kenntniss der topischen und politischen Geographie von Deutschland und Preussen, auch in Beziehung auf Handel und internationalen Verkehr. Die Elemente der mathematischen Geographie nach wissenschaftlicher Begründung.* — P. im W. Die Länder um das Mittelmeer, mit Rücksicht auf die alte Geschichte; im S. Geographie von Frankreich und England. — W. w. im W. Geographie von Frankreich und England; im S. von Deutschland, mit besonderer Berücksichtigung Preussens. — A. G. die wichtigsten statistischen Angaben, soweit sie die politische Geographie unseres Vaterlandes betreffen.

8. **Mathematik.** 5 St. w. Oberl. Dr. Flohr. — K. Cf. U. P. O. §. 2, Nr. 8. *Der Abiturient hat den Nachweis zu liefern, dass er auf dem ganzen Gebiet der Mathematik, soweit sie Pensum der oberen Klassen*

ist (*Kenntniss der Beweisführungen, sowie der Auflösungsmethoden einfacher Aufgaben aus der Algebra, die Lehre von den Potenzen, Proportionen, Gleichungen, Progressionen, der binomische Lehrsatz und die einfachen Reihen, die Logarithmen, die ebene Trigonometrie, Stereometrie, die Elemente der beschreibenden Geometrie, analytische Geometrie, Kegelschnitte; angewandte Mathematik: Statik, Mechanik) sichere, geordnete und wissenschaftlich begründete Kenntnisse besitzt, und das ihm auch die elementaren Theile der Wissenschaft noch wohl bekannt sind. Ebenso muss Fertigkeit in allen im praktischen Leben vorkommenden Rechnungsarten, im Rechnen mit allgemeinen Grössen und im Gebrauch der mathematischen Tafeln vorhanden sein. Auf strenge Beweisführung und auf Fertigkeit in der Lösung der Aufgaben ist bei der Abiturientenprüfung besonderer Werth zu legen.* — P. im W. 2 St. Analytische Geometrie. 2. St. die Lehre von den Combinationen, dem binomischen Lehrsatz und den einfachen Reihen. 1 St. Uebungen in der Lösung von Aufgaben über Maxima und Minima und aus der Mechanik. Im S. 2 St. Stereometrie. 2 St. Arithmetik: Eigenschaften der Gleichungen in Bezug auf ihre Wurzeln. Auflösung der Gleichungen dritten Grades; näherungsweise Lösung der höheren Gleichungen: unbestimmte Gleichungen. 1 St. Uebungen in der Lösung von Aufgaben, welche aus den verschiedenen Gebieten des Klassen-Pensums genommen wurden. — W. w. die Trigonometrie. — S. C. Wöchentlich 2 Arbeiten, und zwar eine geometrische und eine arithmetische.

Anmerkung. Es ist darauf zu halten, dass die Schüler sich folgende Dinge fest einprägen: 1. das grosse Einmaleins bis 400; 2. die Quadrate der Zahlen von 1—25; 3. die Kuben der Zahlen von 1—12; 4. die Logarithmen der Einer oder wenigstens der Primzahlen 2, 3, 5, 7; 5. die Quadratwurzeln der Zahlen von 1 bis 10 bis auf 3 Decimalstellen; 6. die Zahl π und den Logarithmus von π bis auf 5 Decimalstellen. Bei der Correctur resp. der Revision ist darauf zu sehen, dass alle im geometrischen und arithmetischen Unterrichte vorkommenden Zahlenbeispiele vollständig bis zu Ende durchgerechnet werden.

9. Physik. 2 St. w. Oberl. Dr. Flohr. — K. Cf. U. P. O. S. S. *In der Physik muss der Abiturient diejenigen Begriffe und Sätze, und ebenso in Betreff der Versuche die Methoden kennen, welche auf die Entwickelung der physikalischen Wissenschaft von wesentlichem Einfluss gewesen sind. Bei der auf Experimente gegründeten Kenntniss der Naturgesetze muss die Befähigung vorhanden sein, dieselben mathematisch zu entwickeln und zu begründen; die Schüler müssen eine Fertigkeit darin erworben haben, das in der populären Sprache als Qualität Gefasste durch Quantitäten auszudrücken. Im Einzelnen ist das Ziel: Bekanntschaft mit den Gesetzen des Gleichgewichts und der Bewegung, der Lehre von der Wärme, der Elektricität, dem Magnetismus, vom Schall und vom Licht.* — P. im W. Optik; im S. Wärmelehre. — Wh. im W. Mechanik; im S. Lehre vom Magnetismus und von der Elektricität.

10. Chemie. 3 St. w. Prof. Dr. Schoedler. — K. Cf. U. P. O. §. 2, Nr. 7. *In der Chemie und Oryktognosie wird gefordert: eine auf Experimente gegründete Kenntniss der stöchiometrischen und Verwandtschaftsverhältnisse der gewöhnlichen anorganischen und der für die Ernährung, sowie für die Hauptgewerbe wichtigsten organischen Stoffe. Der Abiturient muss hierdurch und durch seine Kenntniss der einfachen Mineralien im Stande sein, nicht bloss die zweckmässigsten Methoden zur Darstellung der gebräuchlicheren rein chemischen Präparate zu beschreiben und zu benutzen, sondern auch über ihre physikalischen Kennzeichen und über ihre chemische Verwendung Rechenschaft zu geben. Sicherheit im Verständniss und Gebrauch der Terminologie ist dabei ein Haupterforderniss. Unklare und unbeholfene Darstellung in den physikalischen und chemischen Arbeiten begründet Zweifel an der Reife des Abiturienten.* — P. Anorganische Chemie, und zwar im W. die leichten, im S. die schweren Metalle. — W. w. die Metalloide.

11. Naturgeschichte. 1 St. w. Prof. Dr. Schoedler.
Der Anhang zur U. P. O. enthält S. 16 folgende Bemerkung: *Der naturgeschichtliche Unterricht bezweckt eine von der Anschauung des individuellen Naturlebens ausgehende übersichtliche Kenntniss der drei Naturreiche, und soll den Schülern der oberen Klassen die Befähigung zu selbständigem Studium naturwissenschaftlicher Werke geben.*
P. im W. Geognosie, im S. Technologie.

12. Zeichnen. 3 St. w. Lehrer Troschel. — K. Cf. U. P. O., §. 2, Nr. 2. *Im Zeichnen müssen die von den Abiturienten vorzulegenden Leistungen Arbeiten aus den letzten zwei Jahren des Schulbesuchs sein, und die im Freihandzeichnen und im geometrischen Zeichnen erlangte Fertigkeit darthun.* — P. im W. und S. (cfr. Lehrplan für den Unterricht im Zeichnen auf Gymnasien und Realschulen vom 2. October 1863. §. 7,

S. 8 und 9). 1. Fortgesetzte Uebung im Freihandzeichnen nach Gypsen, nach Vorlegeblättern und nach der Natur (auch nach Knochen und Schädeln von Menschen und Thieren). 2. Aufgaben aus der Perspective und Projectionslehre mit besonderer Rücksicht auf die Construction der Schatten und mit wissenschaftlicher Begründung. 3. Im Linearzeichnen weitere Uebung mit Rücksicht auf den schon erwählten Beruf der einzelnen Schüler. 4. Planzeichnen.
13. **Gesang.** Erste Gesangklasse. (Zu derselben gehören die besten Schüler der Klassen Prima, Secunda, Tertia und Quarta.) 3 St. w. Gesanglehrer Geyer. In einer Stunde singen Sopran und Alt, in der zweiten Tenor und Bass, in der dritten der Chor, so dass jeder Schüler wöchentlich zwei Singestunden hat. — K. Cf. U. P. O. S. 19 der Beilage: *Die pädagogische und sittliche Bedeutung des Gesangunterrichts ist für alle Schulen ohne Unterschied sehr erheblich. Der einfache Choral- und Volksgesang ist auch in den oberen Klassen neben dem mehr künstlerischen fortdauernd zu pflegen.* — P. im W. und S. Mehrstimmige Compositionen von Mendelssohn, Mozart, Prätorius, Grell, Erk und Hauer.

Ober-Secunda. Cursus einjährig. Ordin. Prof. Dr. Schoedler.

1. **Religion.** 2 St. w. Der Director. — K. Glaubenslehre der evangelischen Kirche. — P. im W. Glaubenslehre, erste Hälfte; im S. Glaubenslehre, zweite Hälfte, mit Zugrundelegung des Katechismus. — W. w. im W. Katechismus, Hauptstück 2 u. 3, im S. Hauptstück 4 u. 5, ausserdem die Lieder s. Anhang.
2. **Deutsch.** 3 St. w. Prof. Dr. Pierson. — K. die wichtigsten Regeln der Rhetorik, soweit sie zur Abfassung von Reden, Abhandlungen, Begriffserklärungen nöthig sind. Biographien von Schiller, Goethe, Herder, Lessing. Aufsätze: Leichte Abhandlungen über Sentenzen, Sprichwörter, Charakterschilderungen, Vergleichungen. Stilistische Uebungen im Uebersetzen aus fremden Sprachen. — P. im W. und S. 1 St. Lectüre. Biographien von Herder und Schiller, Lessing und Goethe. 1 St. Uebungen im Deklamiren und im freien Vortrage. 1 St. Uebungen im Definiren und Disponiren. Die wichtigsten Regeln der Rhetorik wurden vorgetragen und an Beispielen erläutert. — W. w. im W. und S. Poetik und Metrik, sowie die wichtigsten Lehren der Grammatik. — G. L. im W. Schiller's Braut von Messina, im S. Minna von Barnhelm von Lessing. — A. G. Einige Stellen aus den gelesenen Klassikern und ausgewählte Stücke aus der Sammlung von Viehoff. — S. C. Alle 14 Tage ein Aufsatz.
3. **Latein.** 4 St. w. Oberl. Dr. Frederichs. — K. Das Ziel der Ober-Secunda wird in der U. P. O. S. 4 näher angegeben. Es ist nämlich für die Versetzung nach Prima eine Prüfung vorgeschrieben, welche bestimmt: *Die Schüler müssen auf dieser Stufe den grammatischen Theil der Sprache in Regeln, Paradigmen etc. als einen mit Fertigkeit zu verwendenden Besitz sicher inne haben, was durch ein Exercitium, die Uebersetzung eines deutschen Dictats ins Lateinische, zu documentiren ist.* Ausserdem wird gefordert: Verständniss des bellum Gallicum von Caesar und der Metamorphosen von Ovid, sowie metrische Kenntniss des Hexameters. — P. im W. und S. 2 St. Grammatik: Moduslehre. 2 St. Lectüre. Die prosodischen Regeln wurden erlernt und geübt und dann die Lehre vom Hexameter und vom elegischen Versmass durchgenommen. — W. w. das grammatische Pensum der früheren Klassen. — G. L. Caesar d. b. G. lib. V.—VII. und ausgewählte Stücke aus Ovid's Metamorph., im W. lib. VIII. 445—725; im S. lib. VIII. 726—885, IX. 1—100. — A. G. Jede Woche fünf Verse aus Ovid's Metamorphosen, so dass die Schüler in den Besitz zusammenhängender Stellen gelangten. — S. C. In jeder Woche abwechselnd ein Exercitium oder ein Extemporale.
4. **Französisch.** 4 St. w. Oberl. Dr. Scholle. — K. Fertigkeit im Uebersetzen historischer und leichter poetischer Stücke, Bekanntschaft mit der Etymologie und Syntax, so dass ein unter dieser Stufe angemessenes Exercitium ohne grobe Fehler geschrieben werden kann, und einige Gewandtheit im schriftlichen und mündlichen Ausdruck. — P. im W. Grammatik: Ploetz II, Abschnitt VIII. (Lehre vom Pronomen), im S. Ploetz II, Abschnitt IX. (Regeln über den Gebrauch des Infinitivs und der Conjunctionen). — W. w. das grammatische Pensum der früheren Klassen. — G. L. im W. Buffon, Chateaubriand, Guizot und ausgewählte Gedichte Chateaubriands; im S. Thiers, Lamartine und ausgewählte Gedichte Béranger's nach Herrig's Handbuch. — A. G. Ausgewählte Gedichte. — S. C. Wöchentlich abwechselnd ein Exercitium oder ein Extemporale.

5. **Englisch.** 3 St. w. Oberl. Dr. Scholle. — K. wie im Französischen. — P. im W. Syntax des Verbs und Adverbs nach Wagner's Gr., §. 713—843; im S. die Lehre von den Präpositionen und Conjunctionen. — W. w. das Pensum der früheren Klassen. — G. L. im W. Macaulay, The Duke of Monmouth; im S. Goldsmith nach Herrig's Handbuch. — U. w. Herrig's Aufg.: im W. und S. Das Glas Wasser. — A. G. Einzelne Gedichte aus Herrig's Handbuch. — S. C. Wöchentlich abwechselnd ein Exercitium oder ein Extemporale.

6. **Geschichte.** 2 St. w. Prof. Dr. Pierson. — K. Bekanntschaft mit der neueren Geschichte nach ihren Hauptmomenten, besonders auch Sicherheit in den chronologischen Daten; ausserdem specielle Kenntniss der deutschen und preussischen Geschichte seit dem dreissigjährigen Kriege. — P. im W. Von der Reformation bis zum Westfälischen Frieden; im S. vom Westfälischen Frieden bis zum zweiten Pariser Frieden (1815). — W. w. im W. die Geschichte Preussens von 1701—1815; im S. das Mittelalter und das Zeitalter der Reformation (1517—1648). — A. G. Die chronologischen Daten des Pensums.

7. **Geographie.** 1 St. w. Prof. Dr. Pierson. — K. Kenntniss der wichtigsten Verhältnisse der Erdoberfläche und der Formation der Erdtheile; topische und politische Geographie von Europa und specieller von Deutschland und Preussen; das Wichtigste aus der Staatenkunde mit besonderer Rücksicht auf Colonisation; die Elemente der mathematischen Geographie. — P. im W. Geographie von Amerika und Australien; im S. mathematische Geographie. — W. w. im W. Geographie von Europa, im S. von Amerika und Australien.

8. **Mathematik.** 5 St. w. Oberl. Dr. Flohr. — K. Kenntniss der ebenen und körperlichen Geometrie, der ebenen Trigonometrie, der Gleichungen ersten und zweiten Grades, der Lehre von den Potenzen, Logarithmen und Progressionen, Fertigkeit in den Rechnungsarten des praktischen Lebens, in der Wurzelausziehung, der Anwendung der Logarithmen, der Behandlung von Aufgaben, welche sich durch Gleichungen ersten und zweiten Grades und mit Hülfe der Progressionen lösen lassen, der Berechnung einfacherer Aufgaben aus der Trigonometrie und Stereometrie und der Lösung geometrischer Constructions-Aufgaben. — P. im W. 2 St. Algebraische Geometrie und Trigonometrie. 2 St. Arithmetik: Gleichungen ersten Grades mit mehreren Unbekannten, Gleichungen zweiten Grades, Logarithmen. 1 St. praktisches Rechnen: Aufgaben aus dem gesammten Gebiete des bürgerlichen Rechnens und solche, welche mittelst der Gleichungen ersten und zweiten Grades gelöst werden können. Im S. 2 St. Trigonometrie. 2 St. Logarithmen, Progressionen, Zinses-Zins- und verwandte Rechnungen. 1 St. praktisches Rechnen, wie im W. — W. w. das Pensum der früheren Klassen. — S. C. Wöchentlich zwei Arbeiten, und zwar eine geometrische und eine arithmetische.

9. **Physik.** 2 St. w. Oberl. Dr. Flohr. — K. Kenntniss der allgemeinen Eigenschaften der Körper, der Gesetze vom Gleichgewichte und von der Bewegung, der Lehre von der Wärme, dem Magnetismus und der Elektricität. — P. im W. die Lehre vom Schall und von der Wärme; im S. vom Magnetismus und von der Elektricität.

10. **Chemie.** 2 St. w. Prof. Dr. Schoedler. — K. Die für die Kenntniss der wichtigsten Naturgesetze in Betracht kommenden Grundlehren der Chemie. — P. im W. die Metalloïde: Chlor, Brom, Jod, Fluor, Phosphor, Kiesel, Bor. Im S. Kalium und Natrium. — W. w. die wichtigsten sauren Oxyde.

11. **Naturgeschichte.** 2 St. w. Prof. Dr. Schoedler. — K. Abschluss der Zoologie, Botanik und Krystallographie. — P. im W. Krystallographie und Uebersicht der einfachen Mineralien; in S. Wiederholung und Ergänzung der zoologischen und botanischen Pensa von Quarta bis Secunda.

12. **Zeichnen.** 2. St. w. Lehrer Troschel. — K. und P. Einige Fertigkeit im Freihandzeichnen und im geometrischen Zeichen. Wiederholung und Ergänzung des Pensums der Unter-Secunda. Perspectivische Aufgaben a) ohne Vorbild, b) nach der Natur. Zeichnen mit der Feder, wobei auf die Correctheit der Umrisse besonderes Gewicht gelegt wird. Linear-Zeichnen (Maschinen).

13. **Gesang.** Cf. Prima.

Unter-Secunda. Cursus einjährig.

Coet. 1. Ordin. Oberl. Dr. Frederichs. Coet. 2. Ordin. Prof. Dr. Pierson.

NB. Die beiden Coetus der Unter-Secunda alterniren dergestalt, dass Coet. 1. den Jahres-Cursus zu Ostern, Coet. 2. denselben zu Michaelis beginnt. Diese Einrichtung, welche Michaelis 1868 ins Leben getreten ist, macht es möglich, dass Ostern die nach Unter-Secunda versetzten Schüler dem Coet. 1, Michaelis dem Coet. 2 zugetheilt werden können. Der erste Theil des Pensums beginnt im Coet. 1 im Sommer, im Coet. 2 im Winter.

1. Religion. 2 St. w. Coet. 1 Lehrer Feldner. Coet. 2 Dr. Marthe. — K. Bekanntschaft mit der Kirchengeschichte nach ihren Hauptmomenten, besonders mit dem apostolischen Zeitalter und dem Zeitalter der Reformation. — P. im S. und W. (Coet. 1 u. 2) Die Zeit von der Gründung der Kirche bis zum Concil von Nicäa; im W. u. S. die Zeit von 325—1580. — W. w. das erste und dritte Hauptstück des Katechismus, die Reihenfolge der biblischen Bücher.

2. Deutsch. 3 St. w. Coet. 1 Oberl. Dr. Frederichs. Coet. 2 Prof. Dr. Pierson. — K. Bekanntschaft mit den wichtigsten Regeln der Poetik und Metrik und mit einigen der besten Muster aus der epischen und dramatischen Gattung, Correctheit im mündlichen und schriftlichen Ausdruck. — P. im S. und W. Poetik (die epische, lyrische und dramatische Gattung); leichte metrische Uebungen (jambische und dactylische Verse.) — G. L. im S. und W. Die Jungfrau von Orleans von Schiller; Hermann und Dorothea von Göthe; ausserdem Stellen aus Homer's Odyssee. — A. G. Ausgewählte Gedichte aus der Sammlung von Echtermeyer und Viehoff. — S. C. Alle 14 Tage ein Aufsatz.

3. Latein. 4 St. w. Coet. 1 Oberl. Dr. Frederichs. Coet. 2 Prof. Dr. Pierson. — K. Zur Lectüre ist das 3te und 4te Buch Caes. de bell. Gall. bestimmt; in der Grammatik soll das frühere Pensum wiederholt und vervollständigt, und dazu die Tempuslehre und die Lehre von den Participialien (Part., Infin., Gerundium, Gerundivum, Supinum) durchgenommen werden. — P. im S. und W. Die Congruenz- und Casuslehre, die Lehre vom Acc. c. Infin. und Abl. abs. wurde wiederholt und vervollständigt; im W. und S. die Tempuslehre und die Lehre von den Participialien. — W. w. das Pensum der früheren Klassen. — G. L. in Coet. 1 im W. und S. Caes. de bell. Gall. lib. III., IV., in Coet. 2 im W. Caes. de bell. Gall. lib. III., im S. IV. — S. C. Wöchentlich abwechselnd ein Exercitium oder ein Extemporale.

4. Französisch. 4 St. w. Coet. 1 Dr. Ulbrich. Coet. 2 Dr. Ligon. — K. Die Schüler sollen in den Stand gesetzt werden, ein leichtes historisches Werk zu lesen. Der sechste und siebente Abschnitt aus dem Lehrbuche von Ploetz, enthaltend die Elemente über den Gebrauch der Zeiten und Moden, die Syntax des Artikels, des Nomens und des Verbs, sollen durchgenommen werden. Ausserdem sollen die Schüler anfangen, sich der Sprache mündlich zu bedienen. — P. im W. Grammatik nach Ploetz Cursus II., Abschnitt IV. (Gebrauch der Zeiten und Moden); im S. Abschnitt VII. (Syntax des Artikels, des Adjectivs und des Adverbs). — W. w. das Pensum der früheren Klassen. — G. L. Herrig et Burguy, La France littéraire, ausgewählte Stücke. — U. w. Ploetz, Schulgr., Lect. 58—69. — A. G. Einige Stellen aus den gelesenen Abschnitten. — S. C. Wöchentlich abwechselnd ein Exercitium oder ein Extemporale.

5. Englisch. 3 St. w. Coet. 1 Dr. Ulbrich. Coet. 2 Dr. Ligon. — K. Die Schüler sollen in den Stand gesetzt werden, ein leichtes historisches Werk zu lesen, und anfangen, sich der Sprache mündlich zu bedienen. — P. im W. Syntax des Artikels, Nomens, Adjectivs, Zahlworts und Pronomens, nach Wagner's Grammatik §. 613—713. — W. w. das Pensum der früheren Klassen. — G. L. Herrig, British authors, ausgewählte Erzählungen. — U. w. aus Herrig's Aufgaben: Kleine Erzählungen und Briefe. — S. C. Alle 8 Tage eine schriftliche Arbeit, entweder ein Exercitium oder ein Extemporale.

6. Geschichte. 2 St. w. Coet. 1 Oberl. Dr. Frederichs. Coet. 2 Prof. Dr. Pierson. — K. Bekanntschaft mit der Geschichte des Mittelalters (namentlich mit der von Deutschland, England und Frankreich). — P. im S. und W. Geschichte des Mittelalters von 476—1296; im W. und S. von 1296—1517. — A. G. Die chronologischen Data des Pensums.

7. Geographie. 1 St. w. Coet. 1 Oberl. Dr. Frederichs. Coet. 2 Prof. Dr. Pierson. — K. Kenntniss der politischen Geographie, mit beständiger Rücksicht auf die physische. Da in Tertia die

Länder um das Mittelmeer durchgenommen sind, so erstreckt sich der Unterricht hier vorzugsweise auf die nördlichen Länder Europas. — P. im S. und W. Preussen, Deutschland, Grossbritannien, Dänemark, Schweden und Norwegen, Russland; im W. und S. Holland, Belgien, Frankreich, Schweiz. Ausserdem Geographie von Afrika.

8. Mathematik. 5 St. w. Coet. 1 Oberl. Thurein. Coet. 2 Dr. Scholz. — K. Kenntniss der wichtigsten Sätze der Stereometrie; Uebung in der Berechnung der einfacheren Körper. Fertigkeit in den im praktischen Leben vorkommenden Rechnungsarten und in der Auflösung der Gleichungen ersten Grades mit einer und mehreren Unbekannten. Kenntniss der Lehre von den Potenzen und Wurzeln. — P. im W. und S. 2 St. Geometrie: planimetrische Aufgaben, Stereometrie. 2 St. Arithmetik: die Lehre von den Potenzen und Wurzeln; Uebung in der Buchstabenrechnung und Wurzelausziehung. Lösung von Gleichungen ersten Grades. 1 St. Praktisches Rechnen: Münz- und Wechselrechnung, Wiederholung der bürgerlichen Rechnungsarten. Im S. und W. 2 St. Stereometrie. 2 St. Arithmetik: Gleichungen ersten Grades mit einer oder mehreren Unbekannten. 1 St. Praktisches Rechnen. — S. C. Wöchentlich 2 Arbeiten, und zwar eine geometrische und 1 arithmetische.

9. Physik. 2 St. w. Coet. 1 und 2 Oberl. Thurein. — K. Die allgemeinen Eigenschaften der Körper, Gleichgewichts- und Bewegungsgesetze a) der festen, b) der flüssigen und luftförmigen Körper. — P. im W. und S. Die allgemeinen Eigenschaften der Körper, Gleichgewichts- und Bewegungsgesetze der festen; im S. und W. die der flüssigen und luftförmigen Körper.

10. Chemie. 2 St. w. Coet. 1 und 2 Prof. Dr. Schoedler. — K. Einleitung in die Chemie und Uebersicht der Grundstoffe. — P. im W. Coet. 2 Einleitung in die Chemie und die Metalloïde Sauerstoff, Wasserstoff und Stickstoff; Coet. 1 Schwefel, Phosphor, Kohlenstoff und Chlor; im S. Coet. 1 Einleitung in die Chemie und speciell Sauerstoff, Wasserstoff, Stickstoff; Coet. 2 Schwefel und Chlor.

11. Naturgeschichte. 2 St. w. Coet. 1 u. 2 Prof. Dr. Schoedler. — K. Allgemeine Oryktognosie; ausserdem Wiederholung resp. Ergänzung des naturgeschichtlichen Pensums der Ober-Tertia. — P. im W. in Coet. 1 u. 2 Allgemeine Oryktognosie: die Formverhältnisse und die physikalischen und chemischen Eigenschaften der Mineralien; im S. in Coet. 1 und 2 Botanik: eingehendere Betrachtung der wichtigsten phanerogamischen Pflanzenfamilien. — W. w. das Wichtigste aus der Organographie.

12. Zeichnen. 2 St. w. Coet. 1 und 2 Lehrer Troschel. — K. Theorie der Perspective. — P. im W. und S. Ausführung perspectivischer Aufgaben (Gewölbe, Interieurs); Freihandzeichnen a) nach Vorlegeblättern (Arabesken, Thiere, menschliche Figuren), b) nach Gypsen (antike Köpfe mit Anwendung der Estampe und zweier Kreiden), c) nach der Natur (Schädel und Knochen des Menschen).

13. Gesang. Cf. Prima.

Ober-Tertia. Cursus einjährig.
Coet. 1 Ordin. Oberl. Thurein. Coet. 2 Ordin. Oberl. Dr. Marthe.

1. Religion. 2 St. w. Coet. 1 Oberl. Thurein. Coet. 2 Oberl. Dr. Marthe. — K. Kenntniss der Apostelgeschichte. — P. im W. Apostelgeschichte Cap. 1—12; im S. Cap. 13—28. — W. w. die Eintheilung des Kirchenjahres und des Katechismus, namentlich Hauptstück 4 und 5.

2. Deutsch. 3 St. w. Coet. 1 Oberl. Thurein. Coet. 2 Oberl. Dr. Marthe. — K. Cf. U. P. O. S. 3, §. 2: *Grammatische Sicherheit im Gebrauch der Muttersprache, nebst angemessener Fertigkeit in correcter mündlicher und schriftlicher Anwendung derselben nach den Anforderungen der Verhältnisse des gemeinen Lebens.* — P. a) 1 St. Elemente der Verslehre und der Poetik, soweit sie zum Verständniss der gelesenen und vorgetragenen Gedichte nöthig sind. b) 1 St. Uebungen im freien Vortrage und im Declamiren, im Anschluss an das Gelesene. c) 1 St. Aufsätze. Lehre vom Satz- und Periodenbau und von der inneren und äusseren Form der Briefe. — G. L. im W. Wilhelm Tell und Herder's Cid; im S. der dreissigjährige Krieg (I. Hälfte) von Schiller. — W. w. die Formen- und die Satzlehre. Von Zeit zu Zeit wurde ein orthographisches Dictat geschrieben. — A. G. Einige Stellen aus Wilhelm Tell und einige Gedichte von Schiller. — S. C. Alle 14 Tage abwechselnd ein Aufsatz oder eine schriftliche Ausarbeitung, besonders zur Anwendung grammatischer Regeln.

3. **Latein.** 5 St w. Coet. 1 Dr. Lange. Coet. 2 Oberl. Dr. Marthe. — K. Cf. U. P. O. S. 3, §. 2; *Beim Abgange aus Tertia muss erreicht sein: Sicherheit in der Elementargrammatik und genügende Vocabelkenntniss, um mit Hülfe von beiden den Cornelius Nepos und leichte Abschnitte des Julius Caesar oder eine für diese Stufe geeignete Chrestomathie verstehen und übersetzen zu können.* — P. 3 St. Lectüre, 2 St. Grammatik. Vervollständigung der Casuslehre, vom Acc. c. Inf. und Abl. abs. — W. w. die Formenlehre. — G. L. Caes. de bello Gallico, lib. 1 und II. — S. C. Wöchentlich abwechselnd ein Exercitium oder ein Extemporale.

4. **Französisch.** 4 St. w. Coet. 1 Dr. Weismann. Coet. 2 Oberl. Dr. Marthe. — K. Cf. U. P. O. S. 3: *Kenntniss der Formenlehre und der häufiger vorkommenden Vocabeln, so dass der Schüler befähigt ist, leichte Stellen historischen Inhalts in's Deutsche und einfache deutsche Sätze in's Französische zu übersetzen.* — P. im W. und S. Ploetz, Schulgramm., 2. Th., Abschn. III (Anwendung von avoir und être bei der Conjugation: reflexive und unpersönliche Verben). Abschnitt IV (Formenlehre des Nomens und des Adverbs: das Zahlwort; die Präposition); Abschnitt V (das Wichtigste über die französische Wortstellung). — W. w. Ploetz, Abschnitt I und II (Orthographische Eigenthümlichkeiten einiger regelmässigen Verben; unregelmässige Verben). — G. L. Chrestomathie von Ploetz, II, 16; III, 4; VII, 1, 3; VIII, 13 und 17. — A. G. Ploetz, Chrestomathie VIII, 13 und 17. — S. C. Wöchentlich abwechselnd ein Exercitium oder ein Extemporale.

5. **Englisch.** 4 St. w. Coet. 1 und 2 Dr. Weismann. — K. Cf. U. P. O. S. 3: *Im Englischen muss die grammatische Grundlage und einige Vocabelkenntniss, auch Bekanntschaft mit den wichtigsten Regeln der Aussprache und einige Uebung im Lesen, sowie im Verstehen leichter Sätze vorhanden sein.* — P. im W. und S. Declination des Substantivs und Pronomens, Steigerung des Adjectivs, Plural des Adjectivs, Bildung des Adverbs, die unregelmässige Conjugation, Regeln über den Gebrauch von Hülfsverben und defectiven Verben. — G. L. Schmidt, Elementarbuch, S. 222 ff. und ausgewählte Gedichte. — W. w. das Pensum der Unter-Tertia. — A. G. Einiges von den gelesenen Stücken. — S. C. Alle 8 Tage abwechselnd ein Exercitium oder ein Extemporale.

6. **Geschichte.** 2 St. w. Coet. 1 Dr. Weismann. Coet. 2 Oberl. Dr. Marthe. — K. Cf. U. P. O. 1, §. 4. S. 3: *Beim Abgange aus Tertia muss erreicht sein: Uebersichtliche Bekanntschaft mit den wichtigsten welthistorischen Begebenheiten und genauere Kenntniss der vaterländischen Geschichte, d. h. der brandenburgisch-preussischen, im Zusammenhange mit der deutschen.* — P. im W. Römische Geschichte bis zum Kaiser Marcus Aurelius; im S. Griechische Geschichte bis zum Tode Alexanders d. G. — W. w. Preussische Geschichte von 1640—1815.

7. **Geographie.** Im W. 2 St. w., im S. 1 St. w. Coet. 1 Dr. Weismann. Coet. 2 Oberl. Dr. Marthe. — K. Cf. U. P. O. 1. §. 4. S. 3: *Die Elemente der mathematischen Geographie, soweit sie nach dem Standpunkte der unteren und mittleren Klassen behandelt werden können; Bekanntschaft mit den allgemeinen Verhältnissen der Erdoberfläche und der Erdtheile, insbesondere Europas; speciellere Kenntniss der topischen und politischen Geographie von Deutschland.* — P. im W. die Länder um das Mittelmeer, mit Rücksicht auf die alte und neue Geographie; specieller Italien, mit Rücksicht auf die römische Geschichte; ausserdem die Elemente der mathematischen Geographie. Im S. Asien und, im Anschluss an die Geschichte, specieller Alt-Griechenland und die vorderasiatischen Länder.

8. **Mathematik.** Im W. 6 St., im S. 5 St. w. Coet. 1 Oberl. Thurein. Coet. 2 Oberl. Dr. Flohr. — K. U. P. O. S. 3: *Beim Abgange aus der Tertia muss erreicht sein: Sicherheit in den Rechnungen des gemeinen Lebens und in der ebenen Geometrie; demgemäss Befähigung, die in den niederen Gewerben vorkommenden mathematischen Constructionen zu verstehen und verständig auszuführen.* — P. im W. u. S. Geometrie im W. 3 St., im S. 2 St. Proportionalität gerader Linien, Aehnlichkeit der Figuren, Berechnung des Kreises, nach Kambly, Abschn.V.VI. Algebra 2 St. Uebungen im Rechnen mit Buchstabenformeln. Ausziehung der Quadratwurzeln. Rechnen 1 St. Uebungen aus Koch, Heft VII: Termin-, Gesellschafts- und Mischungsrechnung. — W. w. das Pensum der Unter-Tertia. — S. C. Wöchentlich 2 Arbeiten, und zwar eine geometrische und eine arithmetische.

9. **Naturgeschichte.** 2 St. w. Coet. 1 und 2 Prof. Dr. Schoedler. — K. Cf. U. P. O. S. 3: *Beim Abgange aus der Tertia soll erreicht sein: Kenntniss der wichtigeren, am Orte und in der Umgegend vorkommenden Naturprodukte, sowie der in den Gesichtskreis des Schülers fallenden Naturerscheinungen und ihrer*

Gründe, verbunden mit einer durch vielfache Uebung erworbenen Geschicklichkeit im Beobachten, sowie im mündlichen und schriftlichen Referiren über das Beobachtete. — P. im W. Zoologie: die Gliederthiere; im S. Botanik. Uebungen im Bestimmen von Pflanzen, Uebersicht des Pflanzenreichs nach dem natürlichen Systeme.

10. **Zeichnen.** 2. St. w. Coet. 1 und 2 Lehrer Troschel. — K. und P. Wh. des Pensums der Unter-Tertia, dazu die Drei-Viertel-Construction der Köpfe. Projectionslehre, und zwar a) die Lehre vom Grund- und Aufriss, b) Construction von regelmässigen Figuren (Polygonen und Ellipsen), b) Projectionen regelmässiger Körper in gerader und gehobener Stellung.

11. **Gesang.** Cf. Prima.

Unter-Tertia. Cursus einjährig.
Coet. 1. Ordin. Lehrer Schullze. Coet. 2. Ordin. Dr. Ligon.

1. **Religion.** 2 St. w. Coet. 1 Lehrer Schullze. Coet. 2 Dr. Ligon. — K. und P. im W. u. S. Die evangelische Geschichte nach dem Evangelium Lucae; das Kirchenjahr. — W. w. Hauptstück 1, 2, 3 des Katechismus. — G. L. Evangelium Lucae.

2. **Deutsch.** 3 St. w. Coet. 1 Lehrer Schullze. Coet. 2 Lehrer Müller II. — K. Kenntniss der epischen Poesie, besonders der Balladen und Romanzen von Schiller. Kenntniss der äusseren Form des Briefes, Lehre vom Satz- und Periodenbau, Interpunktion. Möglichste Sicherheit in der Orthographie. — P. im W. u. S. Lehre vom Satz- und Periodenbau, Interpunktion. Orthographische Uebungen. Aufsätze, vorzugsweise Erzählungen, theils nach eigner Erfindung, theils nach Anleitung des Lehrers, besonders Bearbeitung leichter Sprüchwörter, Uebersetzungen aus fremden Sprachen. Inhaltsangabe von gelesenen Schriften, Beschreibungen, Nachbildungen, Briefe. Declamationen, besonders Schiller'scher Gedichte. — W. w. das Pensum der früheren Klassen. — G. L. Schiller's Gedichte. — A. G. Schiller'sche Gedichte. — S. C. Wöchentlich abwechselnd ein Aufsatz oder ein Dictat.

3. **Latein.** 5 St. w. Coet. 1 und 2 Lehrer Schullze. — K. und P. im W. und S. Casuslehre, besonders die Lehre vom Gen. und Abl. und die Regeln vom Acc. c. Inf. und Abl. abs. — W. w. die Formenlehre und die Syntax des Nom., Dat. u. Acc. — G. L. Cornelius Nepos: Themistocles, Iphicrates, Hannibal. — S. C. Wöchentlich abwechselnd ein Exercitium oder ein Extemporale.

4. **Französisch.** 4 St. w. Coet. 1 Dr. Staedler. Coet. 2 Dr. Ligon. — K. Kenntniss der unregelmässigen Verben. Ploetz, Abschnitt I und II. — P. im W. und S. Orthographische Eigenthümlichkeiten einiger regelmässigen Verben, Ploetz, Schulgramm. II. Lect. 1–5. Die unregelmässigen Verben, Ploetz, II. 6–23. — W. w. die Conjugation des regelmässigen Verbs. — G. L. in W. Ploetz, Chrestom. Sect. I, 1–38; im S. I, 39–51. — U. w. die deutschen Lectionen von Ploetz aus den angegebenen Abschnitten. — S. C. Wöchentlich abwechselnd ein Exercitium oder ein Extemporale.

5. **Englisch.** 4 St. w. Coet. 1 Dr. Weismann. Coet. 2 Dr. Ligon. — K. und P. im W. und S. Die regelmässige Formenlehre. — G. L. Uebungsstücke aus Schmidt's Elementarbuch S. 110 ff. — U. w. die deutschen Stücke aus Schmidt's Elementarbuch der englischen Sprache. — A. G. Kleine Stücke aus Schmidt's Grammatik. — S. C. Abwechselnd ein Exercitium oder ein Extemporale.

6. **Geschichte.** 2 St. w. Coet. 1 Lehrer Schullze. Coet. 2 Dr. Reichau. — K. u. P. Deutsche Geschichte mit besonderer Berücksichtigung des preussischen Staates.

7. **Geographie.** Im W. 2 St., im S. 1 St. w. Coet. 1 Lehrer Schullze. Coet. 2 Dr. Reichau. P. im W. und S. Geographie von Europa, mit besonderer Berücksichtigung Deutschlands.

8. **Mathematik.** Im W. 6 St., im S. 5 St w. Coet. 1 Lehrer Müller II. Coet. 2 Dr. Scholz. K. u. P. in W. u. S. a) Geometrie im W. 3 St., im S. 2 St. Vom Kreise und Flächeninhalt geradliniger Figuren. Kambly, Abschnitt III u. IV. b) Algebra, im W. 2 St., im S. 1 St. Elemente der Buchstabenrechnung (4 Species). c) Rechnen, 1 St. Procent-, Zins- und Rabattrechnung. Koch, VI. — W. w. a) Geometrie; Congruenzsätze. Sätze vom Dreieck und den Winkeln. b) Regeldetri und Bruchrechnung. — S. C. Wöchentlich 2 Arbeiten, eine geometrische und eine algebraische resp. Rechen-Arbeit.

9. Naturgeschichte. 2 St. w. Coet. 1 u. 2 Lehrer Fettback. — K. Kaltblütige Wirbelthiere und allgemeine Uebersicht der Insekten. — P. im W. und S. Zoologie: Reptilien, Fische und Uebersicht der Insekten.

10. Zeichnen. 2 St. w. Coet. 1 Lehrer Troschel Coet. 2 Lehrer Müller I. — K. Kenntniss der Elemente der Perspective; Freihandzeichnen. — P. im W. und S. Freihandzeichnen nach Holzkörpern und Ornamenten. Die Proportionen des menschlichen Gesichts wurden besprochen und durch Vorzeichnungen des Lehrers an der Wandtafel eingeübt, wobei die Schüler abwechselnd als Modelle dienten.

11. Gesang. Cf. Prima.

Quarta. Cursus einjährig.

Coet. 1 Ordin. Dr. Lange. Coet. 2 Ordin. Lehrer Feldner.

1. Religion. 2 St. w. Coet. 1 Dr. Lange. Coet. 2 Lehrer Feldner. — K. Kenntniss der Geschichte des Reiches Gottes im A. Bunde, besonders auch der Weissagungen auf Christus. — P. im W. Gesch. d. A. Bundes von Adam bis Salomo; im S. Gesch. d. A. Bundes von Rehabeam bis auf Christus. — W. w. die ersten 3 Hauptstücke des Katechismus. — A. G. Das 4. u. 5. Hauptstück des Katechismus.

2. Deutsch. 3 St. w. Coet. 1 Dr. Lange. Coet. 2 Lehrer Feldner. — K. Kenntniss des einfachen und des zusammengesetzten Satzes. — P. im W. und S. Uebungen im euphonischen Lesen nach Hiecke's Handbuch. Befestigung der Orthographie. Anfangsgründe der Satzlehre. Lehre vom Gebrauch der Casus mit besonderer Rücksicht auf die Rection der Adjectiva und der Verba. Aufsätze: Beschreibungen, Erzählungen nach Mustern, Briefe nach Dictaten, die zugleich als orthographische Uebung dienten. — W. w. das Pensum der Quinta. — A. G. Einzelne Gedichte. — S. C. Wöchentlich eine Arbeit, und zwar entweder eine grammatische resp. orthographische Uebung oder ein Aufsatz.

3. Latein. 6 St. w. Coet. 1 Dr. Lange. Coet. 2 Lehrer Feldner. — K. Sicherheit in der Etymologie: Bekanntschaft mit der Syntax des Nom., Dat. und Accus. — P. im W. und S. Syntax des Nom., Dat. und Acc. — W. w. die Formenlehre, namentlich die Conjugationen. — G. L. Burchard, Curs. I und II, Abschnitt XVI und XVII. — S. C. Wöchentlich abwechselnd ein Exercitium oder ein Extemporale.

4. Französisch. 5 St. w. Coet. 1 und 2 Dr. Lindner. — P. im W. und S. Ploetz, Elementargramm. 1. Th. Lect. 61—112. — W. w. das Pensum der Quinta. — A. G. Einige der gelesenen Stücke. — S. C. Wöchentlich ein Exercitium oder ein Extemporale.

5. Geschichte. 2 St. w. Coet. 1 Dr. Reichau. Coet. 2 Lehrer Feldner. — K. Bekanntschaft mit der preussischen Geschichte in ihren Hauptmomenten. — P. im W. die Zeit bis 1740; im S. die Zeit von 1740—1815.

6. Geographie. Im W. 2 St., im S. 1 St. w. Coet. 1 Dr. Reichau. Coet. 2 Lehrer Feldner. — K. Preussen und Deutschland im Anschluss an die preussische Geschichte. — P. im W. u. S. Deutschland mit Berücksichtigung der für die preussische Geschichte wichtigen Punkte.

7. Mathematik. Im W. 6 St., im S. 5 St. w. Coet. 1 Lehrer Müller II. Coet. 2 Dr. Gusserow. — K. a) Geometrie: die Sätze von den Parallellinien und der Congruenz der Dreiecke mit ihren einfachsten Anwendungen. b) Rechnen: Sicherheit in den Schlüssen der Regeldetri, Fertigkeit in der Ausrechnung. — P. im W. und S. a) Geometrie 3 St. Von den geraden Linien, geradlinigen Winkeln, Parallellinien und den geradlinigen Figuren. b) Rechnen im W. 3 St., im S. 2 St. w. Regeldetri mit Brüchen (einfache und zusammengesetzte) und Kettensatz. Koch V. — S. C. Wöchentlich zwei Arbeiten, und zwar eine geometrische und eine Rechen-Arbeit.

8. Naturgeschichte. 2 St. w. Coet. 1 und 2 Lehrer Fettback. — K. Warmblütige Wirbelthiere; Organographie der Pflanzen und Uebersicht des Pflanzenreichs nach dem Linné'schen System. — P. im W. Zoologie: Säugethiere und Vögel; im S. Botanik: Organographie der Pflanzen.

9. **Schreiben.** Im W. 2 St., im S. 1 St. w. Coet. 1 und 2 Lehrer Mittelhaus. — K. und P. Fertigkeit resp. Uebungen im Schön- und Schnellschreiben in zusammenhängender Schrift.
10. **Zeichnen.** 2 St. w. Coet. 1 und 2 Lehrer Müller I. — K. und P. im W. und S. Freihandzeichnen. Die Elemente des perspectivischen Zeichnens. Freihandzeichnen nach Holzkörpern.
11. **Gesang.** 1 St. w. Coet. 1 und 2 Lehrer Geyer. — K. und P. Einübung von Chorälen. Gesang- und Treffübungen in den verschiedenen Tonarten.

Quinta. Cursus einjährig.
Coet. 1 Ordin. Dr. Ulbrich. Coet. 2 Ordin. Dr. Gusserow.

1. **Religion.** 3 St. w. Coet. 1 Oberl. Dr. Frederichs. Coet. 2 Lehrer Feldner. — K. Biblische Geschichte A. und N. Testaments; Eintheilung des Kirchenjahres; Katechismus Hauptstück 1, 2, 3. — P. Das Leben Jesu nach dem Evangelium Matthäi. — W. w. das Pensum der Sexta. — G. L. Evang. Matthäi.
2. **Deutsch.** 4 St. w. Coet. 1 Dr. Ulbrich. Coet. 2 Dr. Gusserow. — K. Sicherheit in der Declination und Conjugation; Kenntniss der Satztheile. Gebrauch der Casus, besonders nach den Verhältnisswörtern. — P. im W. und S. Lese-Uebungen mit mündlicher Wiederholung des Gelesenen. Die Lehre vom einfachen Satz (Auflösung und Construction einfacher Sätze); Rection der Präpositionen, Adjectiva und Verba; Declination und Conjugation. Orthographische Uebungen. Mündliche und schriftliche Erzählungen nach dem Vortrage des Lehrers oder vorgelesenen Stücken. Umbildungen leichter prosaischer oder poetischer Muster. Declamationen. — A. G. Einige Gedichte und Erzählungen aus dem Lesebuch von Hopf und Paulsiek. — S. C. Wöchentlich entweder ein Aufsatz oder eine grammatische Arbeit, resp. eine orthographische Uebung.
3. **Latein.** Im W. 8 St., im S. 6 St. w. Coet. 1 Dr. Ulbrich. Coet. 2 Dr. Gusserow. — K. Abschluss der Formenlehre. — P. Numeralia, Deponentia, Conjugatio periphrastica und Verba anomala, Praepositionen und Adverbia. — W. w. das Pensum der Sexta. — G. L Burchard's Grammatik, Curs. I und II. Abschnitt XI—XV. — A. G. Die wichtigsten Stammverba. — S. C. Wöchentlich ein Exercitium oder ein Extemporale.
4. **Französisch.** 5 St. w. Coet. 1 Dr. Lindner. Coet. 2 Oberl. Dr. Scholle. — K. Sicherheit in der Conjugation von avoir und être und einige Fertigkeit in der Uebertragung leichterer Sätze aus dem Deutschen ins Französische und umgekehrt. Bekanntschaft mit den wichtigsten Regeln der Aussprache und einige Fertigkeit im Lesen. — P. im W. und S. Ploetz, Curs. I, Lect. 1—60. — S. C. Wöchentlich abwechselnd ein Exercitium oder ein Extemporale.
5. **Geschichte.** Im W. 2 St. w. (im S. ausgefallen). Coet. 1 Dr. Ulbrich. Coet. 2 Dr. Reichau. — K. Allgemeine Kenntniss der mittleren Geschichte. — P. im W. Von der Völkerwanderung bis zum Ende der Kreuzzüge.
6. **Geographie.** Im W. 1 St., im S. 2 St. w. Coet. 1 Dr. Ulbrich. Coet. 2 Dr. Reichau. — K. Kenntniss der physischen Geographie von Europa, besonders von Deutschland. — P. im W. Physische Geographie von Europa, besonders von Deutschland; im S. Wiederholung resp. Ergänzung desselben Pensums.
7. **Mathematik.** 4 St. w. Coet. 1 Dr. Scholz. Coet. 2 Dr. Gusserow. — K. Geometrie: Kenntniss der einfachsten Constructionen. Rechnen: 4 Species mit Brüchen. — P. im W. und S. Geometrie 1 St. Lösung einfacher Aufgaben mit Lineal und Zirkel. Construction geradliniger Figuren. Rechnen 3 St. Gemeine Brüche und Decimalbrüche. Koch, III, IV u. IVa. — S C. Alle 14 Tage eine geometrische Aufgabe, jede Woche eine Rechen-Aufgabe.
8. **Schreiben.** 2 St. w. Coet. 1 und 2 Lehrer Mittelhaus. — Die Schüler sollen sowohl deutsch, als auch lateinisch deutlich schreiben, resp. ein Dictat nachschreiben können. — P. im W. und S. Wiederholung aller Einzelformen aus der lateinischen und deutschen Schrift. Uebungen im Schön- und Schnellschreiben.

9. **Zeichnen.** 2 St. w. Coet. 1 und 2 Lehrer Müller I. — K. Freihandzeichnen. — P. Gerade und gebogene Linie, Kreislinie, Ellipse u. dergl. — Die ersten Begriffe der Perspective. Zeichnen nach Drahtmodellen. — Uebungen im Schattiren mit Bleistift.

10. **Gesang.** 2 St w. Coet. 1 und 2 Lehrer Geyer. — K. Ziemliche Sicherheit im Treffen und reine Intonation der betreffenden Choräle und Volkslieder. — P. Choräle, zwei- u. dreistimmige Lieder.

Sexta. Cursus einjährig.
Coet. 1 Ordin. Lehrer Fettback. Coet. 2 Ordin. Dr. Staedler.

1. **Religion.** 3 St. w. Coet. 1 Dr. Ligon. Coet. 2 Dr. Lange. — K. Allgemeine Uebersicht über die Geschichte des Alten Bundes. — P. im W. von Adam bis Samuel; im S. von Samuel bis Esra. — W. w. die 10 Gebote. — A. G. Katechismus, Hauptstück 1 und 3.

2. **Deutsch.** 4 St. w. Coet. 1 Lehrer Fettback. Coet. 2 Dr. Staedler. — K. Allgemeine Kenntniss der Wörterklassen und des einfachen Satzes; möglichste Sicherheit in der Rechtschreibung nach leichten Dictaten und im Lesen. — P. im W. und S. Einübung der Begriffswörter, Fürwörter und Präpositionen mit dem Dat. und Acc. durch mündliche und schriftliche Uebungen; Erklärung des einfachen Satzes, hauptsächlich im Anschluss an die Lectüre und die zu erlernenden Gedichte. Orthographische Uebungen, bestehend in Dictaten und Abschriften. — S. C. Wöchentlich ein Dictat nebst Abschrift desselben, sowie eine Abschrift aus dem Lesebuche.

3. **Latein.** 8 St. w. Coet. 1 Lehrer Fettback. Coet. 2 Dr. Staedler. — K. u. P. im W. und S. Einübung der regelmässigen Declinationen und Conjugationen, der Comparation und der Pronomina. Erlernen von Vocabeln und Sätzen; Uebersetzen aus dem Lateinischen in's Deutsche und umgekehrt. — S. C. Wöchentlich ein Extemporale nebst Abschrift desselben.

4. **Geschichte.** Im W. 2 St. w. (im S. ausgefallen). Coet. 1 Dr. Lindner. Coet. 2 Dr. Staedler. — K. Allgemeine Kenntniss der Hauptbegebenheiten der griechischen und römischen Geschichte. — P. im W. Griechische Geschichte mit besonderer Berücksichtigung der wichtigsten Sagen.

5. **Geographie.** Im W. 1 St., im S. 2 St. w. Coet. 1 Dr. Lindner. Coet. 2 Dr. Staedler. — K. Allgemeine Kenntniss der Erdoberfläche. — P. im W. Anfangsgründe der mathematischen und physischen Geographie. Kenntniss der Hauptgewässer und Hauptländer der Erde mit besonderer Berücksichtigung Griechenlands. Im S. dasselbe P., aber mit besonderer Rücksicht auf Italien.

6. **Mathematik.** 5 St. w. Coet. 1 Dr. Scholz. Coet. 2 Lehrer Müller II. — K. und P. im W. und S. Rechnen. Das Rechnen mit benannten Zahlen, Resolviren, Reduciren, die einfache Regel-de-tri mit ganzen Zahlen und die Anfänge der Decimalbrüche. Koch II und III. Kopfrechnen auch mit unbenannten Zahlen. — S. C. Wöchentlich eine Rechen- und eine geometrische Aufgabe.

7. **Schreiben.** 3 St. w. Coet. 1 und 2 Lehrer Mittelhaus. — K. u. P. Wiederholung aller Einzelformen des lateinischen und deutschen Alphabets in genetischer Folge; Uebungen derselben in Wörtern und Sätzen. — S. C. Wöchentlich 2 Seiten.

8. **Zeichnen.** 2 St. w. Coet. 1 und 2 Lehrer Müller I. — P. im W. und S. Erste Uebungen nach Vorzeichnungen des Lehrers an der Schultafel.

9. **Gesang.** 2 St. w. Coet. 1 und 2 Lehrer Mittelhaus. — K. und P. im W. und S. Zweistimmige Lieder und Choräle. Treffübungen.

Anmerkung 1. Die aus dem Berliner Gesangbuche zu lernenden Kirchenlieder sind auf die Klassen in folgender Weise vertheilt worden: Sexta: 147, 281, 610, 657, 662, 719; Quinta: 191, 232, 350, 388, 438, 569; Quarta: 43, 216, 269, 521, 775, 922; Tertia B: 254, 290, 458, 796, 833, 944; Tertia A: 141, 280,

494, 573, 775, 943. In Secunda und Prima werden diese Lieder wiederholt. Die auswendig zu lernenden Bibelsprüche sind in folgender Weise auf die Klassen vertheilt: Sexta: 1. Mose 3, 14—15; 12, 1—3; 49, 10—12; Psalm 23; Jes. 9, 6—7; Micha 5, 1; Pred. 4, 17; Ps. 37, 5; Ps. 50, 15; Luc. 18, 16—17; Ev. Joh. 7, 16—17. Quinta: Matth. 5, 1—12; 5, 33—48; 6, 24—34; 7, 7—11; 12, 36; 22, 37—39; 26, 63—64; 28, 18—20. Quarta: 1. Mose 1, 26—27; 2. Mose 20, 4—6; 4. Mose 6, 24—26; 5. Mose 6, 4—5; 2. Sam. 7, 12—16; Ps. 90, 1—12; 103, 1—2; 110; Jes. 53, 1—12; 1, 16—18; Zach. 9, 9; Mal. 3, 1. Tertia B: Matth. 7, 1—7; 7, 11—28; Marc. 16, 16; Luc. 2, 1—14; 2, 29—34; 24, 50—51; Ev. Joh. 1, 18; 3, 16; 4, 24; Gal. 6, 7; Hebr. 1, 1—3; 13, 1—17. Tertia A: Act. 2, 13, 14, 38; 3, 22 —24; 4, 11—12; 5, 29; 17, 24—28; 1. Cor. 15, 42—44 und 55—56; 1. Petri 1, 18, 19; Hebr. 12, 5—7, 11. Secunda B: Röm. 8, 15—17; 8, 28—39; 12, 2; 13, 1—7; 1. Cor. 11, 23—29; 1. Tim. 4, 1—5; 1. Petri 2, 18—25. Secunda A: Röm. 3, 23—28; 5, 12—18; 6, 3—10; 7, 22—25; 9, 20—21; Gal. 3, 26 —27; 5, 6; Eph. 4, 4—6 und 22—24; Phil. 2, 5—11; 1. Joh. 5, 7—8. In Prima werden diese Sprüche wiederholt.

Anmerkung II. Der Lehrplan für den Zeichenunterricht ist auf Grund des Reglements vom 2. October 1863 festgestellt worden. In demselben stimmt das Pensum der Sexta wörtlich mit dem für die erste Stufe festgestellten Pensum des Reglements, das der Prima wörtlich mit dem Pensum der letzten Stufe des Reglements überein. Die Pensa der 2ten, 3ten und 4ten Stufe haben wir auf die Klassen Quinta, Quarta, Unter-Tertia, Ober-Tertia, Unter-Secunda und Ober-Secunda vertheilt und uns dabei genau an die im Reglement gegebenen Vorschriften gehalten.

Anmerkung III. Die häuslichen Arbeiten sind so vertheilt, dass sie in den Vorschulklassen und in Sexta täglich etwa 1 Stunde, in Quinta 1½, in Quarta 2, in Tertia 2½, in Secunda 3 und in Prima 4 Stunden in Anspruch nehmen.

B. Lehrplan der mit der Dorotheenstädtischen Realschule verbundenen Vorschule.

Das Lehrziel der Vorschule ist in der U. P. O. S. 2 §. 2 folgendermassen bestimmt: „*Geläufigkeit im Lesen deutscher und lateinischer Druckschrift; eine leserliche und reinliche Handschrift; Fertigkeit, Dictirtes ohne grobe orthographische Fehler nachzuschreiben; Sicherheit in den vier Grundrechnungsarten mit gleichbenannten Zahlen. In der Religion wird einige Bekanntschaft mit den Geschichten des A. und N. Testaments, sowie (bei den evangelischen Schülern) mit Bibelsprüchen und Liederversen erfordert.*"

Dieses Ziel sucht die Vorschule in vier einander übergeordneten Klassen zu erreichen, deren jede einen halbjährigen Cursus hat.

1. Elementar-Klasse. Cursus halbjährig.
Ordin. Lehrer Paul.

1. **Religion.** 3 St. w. Lehrer Paul. — K. u. P. Biblische Erzählungen des Neuen Testaments (Stolzenburg N. T. 21—40). — W. w. Stolzenburg 1—19 und gelegentlicher Rückblick auf die biblische Geschichte des A. T. — A. G. Das 1. Hauptstück (mit den Luther'schen Erklärungen) aus Luther's Katechismus, einige Sprüche und die Lieder No. 43, 494, 635 aus dem Berl. Gesangbuch.

Anmerkung. Die biblischen Erzählungen sind nach W. Stolzenburg's bibl. Geschichte, Breslau 1860, ausgewählt und werden nach dem Lesebuch von O. Schulz gegeben, die Kirchenlieder werden in der Fassung gelernt, in welcher sie das Berlinische Gesangbuch giebt. Die biblischen Geschichten werden so oft erzählt und wieder erzählt, bis sie volles Eigenthum der Kinder geworden sind.

2. Deutsch. 9 St. w. Lehrer Paul. — K. Geläufigkeit nicht allein im mechanischen, sondern auch im logisch richtigen Lesen in deutscher und lateinischer Druckschrift; Kenntniss der Redetheile und des einfachen Satzes praktisch eingeübt; Fertigkeit im orthographischen Schreiben. — P. Leseübungen im ersten Theil des Lesebuchs von Paulsiek. Wiedererzählen des Gelesenen. Grammatische Uebungen mit besonderer Rücksicht auf das Hauptwort, Eigenschaftswort, persönliches Fürwort, Zeitwort und Umstandswort, im Anschluss an das Gelesene. Abschriften aus dem Lesebuch und Schreiben nach Dictaten zur Einübung der Orthographie. Gebrauch der grossen Buchstaben. Gleich und ähnlich klingende Wörter. Uebungen im Decliniren und Conjugiren. — W. w. das Pensum der früheren Kassen. — A. G. Einige leichte Musterstücke aus dem Lesebuche wurden memorirt und in der Klasse vorgetragen. — S. C. Wöchentlich 3 schriftliche Arbeiten, deren jede etwa eine halbe Stunde Zeit in Anspruch nimmt.

3. Rechnen. 5 St. w. Lehrer Paul. — K. Praktische Geläufigkeit in den vier Species mit unbenannten Zahlen. — P. Multiplication und Division mit grösseren unbenannten und gleichbenannten Zahlen, mündlich und schriftlich. — W. w. das Pensum der vorigen Klasse. — A. G. Das grosse Einmaleins. — S. C. Wöchentlich 3 Rechenarbeiten, deren jede etwa eine halbe Stunde Zeit in Anspruch nimmt.

4. Schreiben. 5. St. w. Lehrer Paul. — K. Einige Fertigkeit, Dictirtes leserlich nachzuschreiben. — P. Einübung der deutschen und lateinischen Schrift in Wörtern und Sätzen. — S. C. Wöchentlich 3 Seiten.

5. Gesang. 2 St. w. Lehrer Paul. — K. u. P. Treffübungen in der diatonischen Tonleiter, Taktübungen, einstimmige Lieder und Choräle. — W. w. die früher erlernten Lieder. — A. G. Der Text der gesungenen Lieder.

2. Elementar-Klasse. Cursus halbjährig.
Ordin. Lehrer Lawitzky.

1. Religion. 3 St. w. Lehrer Lawitzky. — K. u. P. Biblische Erzählungen des Neuen Testaments (Stolzenburg N. Testament 1—20). — W. w. Die zehn Gebote. — A. G. Einige Bibelsprüche und die Lieder No. 145, 621, 657.

2. Deutsch. 9 St w. Lehrer Lawitzky. — K. u. P. Uebungen im mechanischen Lesen. Sinngemässes Lesen und Zergliedern des Lesestückes. Wiedererzählen des Gelesenen. Der grammatische Unterricht lehnt sich an das Lesebuch, beschränkt sich aber auf die Zergliederung des Satzes nach seinen beiden Hauptbestandtheilen und die allgemeine Kenntniss des Dingworts, Eigenschafts- und Zeitworts. Orthographische Uebungen theils nach Dictaten, theils nach dem Lesebuche. Besonders werden die gedehnten und geschärften Vocale und ausserdem die grossen Anfangsbuchstaben in den eigentlichen Hauptwörtern berücksichtigt. Memoriren und Recitiren kleiner Gedichte. — W. w. das Pensum der früheren Klasse. — A. G. Gedichte aus dem Deutschen Lesebuche von Paulsiek, II. Abth. — S. C. 2 Abschriften wöchentlich.

3. Rechnen. 5 St. w. Lehrer Lawitzky. — K. und P. Addition, Subtraction und Multiplication mit grösseren unbenannten und gleichbenannten Zahlen. — W. w. das Pensum der früheren Klasse. — A. G. Das Einmaleins. — L. Koch Heft I, — S. C. 3 Seiten wöchentlich.

4. Schreiben. 5 St. w. Lehrer Lawitzky. — K. u. P. Das kleine und grosse Alphabet, deutsch und lateinisch, einzeln und in Wörtern, nach der Taktirmethode. — L. Lesshaft, Heft 3—5. — S. C. Wöchentlich 3 Seiten.

5. Gesang. 2 St. w. Lehrer Seidel. — K. u. P. Durtonleiter, einstimmige Lieder und Choräle — A. G. Die Texte der Lieder. — L. Liederkranz von Erk, Th. I.

3. Elementar-Klasse. Cursus halbjährig.
Ordin. Lehrer Seidel.

1. Religion. 3 St. w. Lehrer Seidel. — K. u. P. Biblische Erzählungen des Alten Testaments (Stolzenburg A. T. 22—39). — A. G. Die zehn Gebote, einige Bibelsprüche und die Lieder No. 1, 796, 816.

2. **Deutsch.** 9 St. w. Lehrer Seidel. — Leseübungen nach dem Lesebuche von Paulsiek, um Sicherheit im mechanischen Lesen zu erzielen. Uebungen im Abschreiben und im Nacherzählen gelesener Stücke. Erlernen kleiner Gedichte, Sprech- und Anschauungs-Uebungen mit Rücksicht auf die im Verlage von Winkelmann erschienenen Bildertafeln für den Anschauungs- und Sprach-Unterricht. — A. G. Gedichte aus dem Lesebuche von Paulsiek, I. Abth. — S. C. 2 Abschriften wöchentlich.

3. **Rechnen.** 5 St. w. Lehrer Seidel. — K. u. P. Die 4 Species im Zahlenraum von 1—1000 (Zehnersystem) mündlich. — A. G. Das kleine Einmaleins. — S. C. Wöchentlich 3 Arbeiten.

4. **Schreiben.** 5 St. w. Lehrer Seidel. — K. u. P. Einübung der kleinen und grossen deutschen Buchstaben, sowohl einzeln, als in Wörtern und Sätzen. — S. C. Wöchentlich 3 Seiten zu schreiben.

5. **Gesang.** 2 St. w. Lehrer Seidel. — K. und P. Einübung der Tonleiter und kleiner Lieder.

4. Elementar-Klasse. Cursus halbjährig.
Ordin. Lehrer Dörre.

1. **Religion.** 3 St. w. Lehrer Dörre. — K. u. P. Biblische Erzählungen des Alten Testaments (Stolzenburg A. T. No. 1—21). — A. G. Einige leichte Sprüche und Liederverse, ausserdem die Lieder No. 940 und No. 610.

2. **Deutsch.** 10 St. w. Lehrer Dörre. — K. und P. Lese- und Sprechübungen von den ersten Anfängen an. Auflösung des Wortes in seine Laute; Zusammensetzung des Wortes aus seinen Lauten. Lesen kleiner Sätze in der Berlinischen Handfibel. Besprechung des Gelesenen. Orthographische Uebungen nach der Lautirmethode, also nur Berücksichtigung der Orthographie durch das Ohr. Erlernen kleiner Gedichte. Nacherzählen vorgetragener Erzählungen. Erklärung von Bildertafeln.

Anmerkung. Der Lese-Unterricht wird mit dem Schreib-Unterricht verbunden. (Schreiblese-Methode).

3. **Rechnen.** 5 St. w. Lehrer Dörre. — K. und P. Numeriren und die Species im Zahlenraum von 1—20, mündlich.

4. **Schreiben.** 6 St. w. Lehrer Dörre. — K. u. P. Erlernung der kleinen und grossen deutschen Buchstaben in Verbindung mit dem Lese-Unterricht (Schreiblese-Methode) zur Uebung im Schönschreiben nach den vier ersten Heften von Lesshaft.

Turnunterricht.

Der Turnunterricht wurde während der Wintermonate in dem Saale des Herrn Ballot wöchentlich an zwei Abenden fortgesetzt. Im Sommer turnten die Schüler der Realklassen am Montag und Donnerstag Nachmittag auf dem städtischen Turnplatz bei Moabit. Zu diesem Behufe wurden an diesen Wochentagen auf den Nachmittag keine Unterrichtsstunden gelegt. Die Aufsicht über die Schüler auf dem Turnplatz führte der Lehrer Lawitzky. Die Schüler der Elementarklassen turnten theils Vormittags von 11—12 Uhr, theils Nachmittags von 4—5 Uhr auf dem Schulhofe unter Leitung der Lehrer Paul und Dörre.

Themata der im letzten Schuljahre in Prima und Secunda gefertigten Aufsätze.

Prima.

a) **Deutsch.** Im Winter: 1. Metrische Uebersetzung des Byron'schen Gedichtes „Prisoner of Chillon. 2. Wie ist der Protestantismus entstanden und was hat er Gutes gewirkt? 3. Inwiefern ist die ungleiche Vertheilung der Glücksgüter für die Menschheit ein Segen? 4. a) Unterschied des poetischen Ausdrucks vom prosaischen, erläutert an Beispielen. b) Darstellung eines selbstgewählten Stoffes in prosaischer und in poetischer Form. 5. Ein Brief (Eingabe an eine Behörde). 6. Was heisst tragisch? 7. Erst wägen, dann wagen. (Klassenarbeit.) 8. Bericht über meine deutsche Lectüre. — Im Sommer: 9. Charakteristik der vornehmsten Generale in Schiller's Wallenstein. 10. Ueber den Einfluss, den die Deutschen auf die Geschicke und die Bildung anderer Nationen gehabt haben. 11. Wovon hängt die mittlere Temperatur einer Gegend ab? 12. Tasso und Antonio. Eine vergleichende Charakteristik. 13. Ueber den Werth der Vortragskunst.

b) **Französisch.** Im Winter: 1. Charles I d'Angleterre. 2. Miltiade (Klassenarbeit). 3. Insurrection des Pays-Bas. 4. Commencement de la révolution française. 5. Exposition d'Athalie. 6. Invasion de Napoléon en Espagne. 7. La Restauration en France. — Im Sommer: 8. Expéditions de Charlemagne en Italie et contre les Saxons. 9. Thémistocle. 10. L'empereur Justinien.

c) **Englisch.** Im Winter: 1. Gustavus Wasa. 2. Cromwell. 3. Campaign of 1812. 4. Battle of Waterloo. 5. War of independence of the United States of North America. 6. The third act of Shakespeare's „Merchant of Venice." 7. The first battles of 1813. — Im Sommer: 8. The Maid of Orleans. 9. Causes and first events of the Peloponnesian war. 10. Chief events of the first Punic war. 11. Chief events of the second civil war in Rome.

Ober-Secunda.

Deutsch. Im Winter: 1. Freundschaft (eine Begriffserklärung). 2. Folgen der Erfindung des Schiesspulvers. 3. Ein Brief (Eingabe an eine Behörde). 4. Disposition der Schiller'schen Abhandlung: „Die Schaubühne als eine moralische Anstalt betrachtet." 5. Gruppirung und Erläuterung der wichtigsten in Schiller's „Braut von Messina" vorkommenden Redefiguren. 6. Verdienste Friedrich Wilhelms I. um den preussischen Staat. 7. Die Mark Brandenburg, eine geographische Charakteristik. 8. Mit welchem Rechte setzt man den Beginn der neueren Geschichte an den Anfang des 16. Jahrhunderts? 9. Folgen der Entdeckung Amerikas. 10. Ursachen und Folgen des schmalkaldischen Krieges (Probeaufsatz). — Im Sommer: 11. Metrische Uebersetzung von Béranger's: Les hirondelles. 12. Die Oertlichkeiten in „Hermann u. Dorothea". 13. Ueber den Nutzen der Wälder. 14. Ein Gedicht in alcäischen Strophen. 15. Ueber den Gebrauch der Redefiguren in Lessing's „Minna von Barnhelm" und in Schiller's „Jungfrau von Orleans". (Eine Vergleichung). 16. Inwiefern bildet das Reisen? 17. Woher kam es, dass der preussische Staat nach der Schlacht bei Jena so rasch zusammenbrach? (Probe-Aufsatz.)

Unter-Secunda. (Coet. 1.)

Deutsch. Im Winter: 1. Schilderung des Seekrieges der Römer mit den Venetiern, in Brieflorm, nach Caes. d. b. G. lib. III, 8—15. 2. Der 70jährige Geburtstag. Eine Schilderung nach Voss, im Idyllenstil. 3. Exposition von Schiller's „Jungfrau von Orleans". 4. Warum sind Kenntnisse höher zu schätzen als Reichthümer? 5. In welchen Bedrängnissen befand sich König Karl vor dem Erscheinen der Jungfrau? Nach Schiller's „Jungfrau von Orleans". 6. Ueber den Nutzen der Winde. 7. Morgenstunde hat Gold im Munde. 8. Ueber den Werth einer guten Handschrift (Probe-Aufsatz). — Im Sommer: 9. Beschreibung eines Eisenbahnhofes. 10. „Der Frühling". Eine Schilderung. 10. Ort und Zeit der Handlung in „Hermann und Dorothea". 12. Inhalt des ersten Buches der Odyssee. 13. Ein Erlebniss aus den Ferien. Beschreibung der Triumphstrasse in Berlin. 14. Ueber die Wichtigkeit der Flüsse für Ackerbau, Handel und Gewerbe. 15. Ende gut, Alles gut. 16. Charakterschilderung des Apothekers in Göthe's „Hermann und Dorothea".

Unter-Secunda. (Coet. 2.)

Deutsch. Im Winter: 1. Mit einem Streiche fällt keine Eiche. 2. Der Weg zur Hölle ist mit guten Vorsätz.u gepflastert. 3. Der Rhein (geographisch betrachtet). 4. Folgen der Völkerwanderung.

5. Wer ist arm? (Klassenarbeit). 6. Eine metrische Uebersetzung. 7. Bis dat, qui cito dat (Klassenarbeit). 8. Ein Brief (Gesuch an eine Behörde). 9. Inhaltsangabe von Caes. de bello Gallico Lib. III. 10. Beschreibung des neuen Rathhauses zu Berlin. 11. Die Jungfrau von Orleans (nach Schiller's gleichnamigem Drama erzählt). 12. Was ist von dem Sprüchwort zu halten: Kommt Zeit, kommt Rath? 13. Die Oertlichkeiten in Göthe's „Hermann und Dorothea" (im Zusammenhange erzählt). — Im Sommer: 14. Die Boten des Frühlings. 15. Metrische Uebersetzung des Byron'schen Gedichtes „Drachenfels" (in gereimten Jamben. 16. Die Eiche. 17. Ein Tag an einem griechischen Fürstenhofe. (Nach Homer's Odyssee, übersetzt von Voss.) 18. Wer hat sich um Deutschland am meisten verdient gemacht: Friedrich Rothbart, Heinrich der Löwe oder Albrecht der Bär? 19. Finis coronat opus. (Probe-Aufsatz).

Themata zu den Abiturienten-Arbeiten. Michaelis 1871.

A. **Deutscher Aufsatz.** Wodurch erlangte Frankreich seit dem dreissigjährigen Kriege sein politisches Uebergewicht in Europa?

B. **Französisches Exercitium.** Plato hatte von der Natur einen kräftigen Körper erhalten. Seine langen Reisen hatten seine Gesundheit geschwächt, aber er hatte sie bald durch eine strenge Lebensart (le régime) wieder hergestellt, und die einzige Unbequemlichkeit, die ihm geblieben war, und die von ihm nicht überwunden werden konnte, war eine gewisse Schwermuth, ein Gefühl, welches Socrates und andere berühmte Römer, wie er, gehabt haben.

Er sprach langsam, aber seine Reden waren voll Anmuth, und wenn die Athener sie von seinem beredten Munde hatten vortragen (= aussprechen) hören, sagten sie, dass die Ueberredung von seinen Lippen geflossen sei.

In seiner Jugend füllten die Künste, die er sich bemüht hatte zu pflegen, alle seine Augenblicke aus. Die Dichtkunst hatte ihm gefallen, und sein Geist hätte sich vielleicht ausschliesslich mit derselben beschäftigt, wenn das Lesen Homer's, mit dessen Versen er seine Verse verglichen hatte, ihn nicht bewogen hätte, sie zu verbrennen.

Er glaubte, das Theater werde ihn für dieses Opfer entschädigen; er machte Trauerspiele, aber ehe er dieselben hatte aufführen lassen, machte er die Bekanntschaft des Sokrates, und unterdrückte seine Theaterstücke, um sich ganz der Philosophie zu widmen.

Er fühlte jetzt den heftigen Wunsch, den Menschen nützlich zu sein, was, wie er glaubte, nur durch die Philosophie geschehen könne. Er beschloss daher, seine Kenntnisse zu vermehren und sie für das Wohl der Menschen zu gebrauchen. In dieser Absicht begab er sich nach Italien, nach Aegypten, überall hin, wo der menschliche Geist Fortschritte gemacht hatte.

C. **Englischer Aufsatz.** Henry IV of Germany.

D. **Mathematische Aufgaben.**
1. $x^6 = 217 + 241\sqrt{-1}$.
2. Es soll eine Parabel construirt werden, von welcher eine gegebene Gerade $= 2a$ ein Segment $= a^2$ abschneidet. Wo muss der Brennpunkt der Parabel liegen?
3. Die Höhe eines Dreiecks theilt den Winkel an der Spitze in zwei Theile, welche sich wie $1:2$, und die Grundlinie in zwei Theile, welche sich wie $2:5$ verhalten. Wie gross ist der Winkel an der Spitze? Wie verhalten sich die beiden anderen Seiten?
4. Von einem körperlichen Dreieck sind gegeben 2 Seiten und der eingeschlossene Winkel. Die übrigen Stücke durch geometrische Construction zu finden.

E. **Aufgabe aus der angewandten Mathematik.**
An einer verticalen Axe, welche in einer Minute 100 Umdrehungen macht, ist mittelst einer $0{,}5^m$ langen Schnur ein schwerer Körper befestigt. Welchen Winkel bildet die Schnur mit der Axe?

F. Aufgabe aus der Physik.
Bei einer Dampfmaschine mit niederem Drucke ist der Durchmesser des Cylinders 1^m, der Kolbenhub 1,36^m, die Zahl der Umdrehungen des Schwungrades in 1 Minute 24. Die Dämpfe haben eine Spannung von 1,192 Atmosphären, während der Gegendruck 0,1 Atmosphäre ist. Wie gross ist die Arbeitskraft der Maschine? Wie viel Wasser wird in 1 Stunde verbraucht, wenn das specifische Dampfvolumen 1400 ist? (Der Atmosphärendruck ist 1,033 Kilogramm auf den Quadratcentimeter.)

G. Aufgabe aus der Chemie.
Auf welchen chemischen Vorgängen beruht die Gewinnung des Eisens?

Uebersicht der Lehrverfassung.

Lehrgegenstand.	I.	IIA.	II B 1.	II B 2.	III A 1.	III A 2.	III B 1.	III B 2.	IV A.	IV B.	V A.	V B.	VI A.	VI B.	1.	2.	3.	4.	Summa.
1. Religion	2	2	2	2	2	2	2	2	2	3	3	3	3	3	3	3	3	3	44
2. Deutsch	3	3	3	3	3	3	3	3	3	4	4	4	4	9	9	9	10	83
3. Latein	3	4	4	4	5	5	5	5	6	6	6	6	8	8	—	—	—	—	75
4. Französisch	4	4	4	4	4	4	4	4	5	5	5	5	—	—	—	—	—	—	52
5. Englisch	3	3	3	3	4	4	4	4	—	—	—	—	—	—	—	—	—	—	28
6. Geschichte	2	2	2	2	2	2	2	2	2	2	2	2	2	2	—	—	—	—	28
7. Geographie	1	1	1	1	2	2	2	2	2	2	1	1	1	1	—	—	—	—	20
8. Geometrie	2	2	2	2	2	2	2	2	2	2	2	2	2	2	—	—	—	—	28
9. Rechnen	3	3	3	3	4	4	4	4	4	4	2	2	3	3	5	5	5	6	67
10. Physik	2	2	2	2	—	—	—	—	—	—	—	—	—	—	—	—	—	—	8
11. Chemie	3	2	2	2	—	—	—	—	—	—	—	—	—	—	—	—	—	—	9
12. Naturgesch.	1	2	2	2	2	2	2	2	2	2	—	—	—	—	—	—	—	—	19
13. Schreiben	—	—	—	—	—	—	—	—	2	2	2	2	3	3	5	5	5	5	34
14. Zeichnen	3	2	2	2	2	2	2	2	2	2	2	2	2	2	—	—	—	—	29
15. Singen			3						1	1	2	2	2	2	2	2	2	—	19
16. Turnen						8									2	2	2	2	16
17. Inspection						6									—	—	—	—	6
	32	32	32	32	32	32	32	33	33	33	33	32	32	26	26	26	26	565

In welcher Art im Sommersemester die Stundenzahl verringert wird, ist in Abschnitt II „Verordnungen" angegeben worden.

Vertheilung der Lectionen unter die Lehrer der

Laufende Nummer	Etatsmässige Oberlehrer	Ordentliche Lehrer	Wissensch. Hülfslehrer	Candidati probandi	Technische Lehrer	Name und officieller Titel	I. Ord. Flohr.	II a. Ord. Schöbler.	II b¹. Ord. Frederichs.	II b². Ord. Pierson.	III a¹. Ord. Thurein.
1.						Director Dr. Kleiber.	2 Religion 3 Gesch. u. Geographie	2 Religion			
2.	1					Oberlehrer Dr. Flohr.	5 Mathem. 2 Physik	5 Mathem. 2 Physik			
3.	2					Professor Dr. Schoedler.	3 Chemie 1 Naturgesch.	2 Chemie 2 Naturgesch.	2 Chemie 2 Naturgesch.	2 Chemie 2 Naturgesch.	2 Naturgesch.
4.	3					Oberlehrer Dr. Frederichs.	3 Latein	4 Latein	4 Latein 3 Deutsch 3 Gesch. u. Geographie		
5.	4					Professor Dr. Pierson.	3 Deutsch	3 Deutsch 3 Gesch. u. Geographie		4 Latein 3 Deutsch 3 Gesch. u. Geographie	
6.	5					Oberlehrer Dr. Scholle.	4 Französ. 3 Englisch	4 Französ. 3 Englisch			
7.	6					Oberlehrer Thurein.				5 Mathem. 2 Physik	2 Physik	3 Deutsch 2 Religion 5 Mathem.
8.	7					Oberlehrer Dr. Marthe.					2 Religion
9.		1				Ordentlicher Lehrer Schullze.					
10.		2				Ordentl. Lehrer Dr. Ligou.				4 Französ. 3 Englisch	
11.		3				Ordentl. Lehrer Dr. Lange.					5 Latein
12.		4				Ordentl. Lehrer Dr. Scholz.				5 Mathem.	
13.		5				Ordentl. Lehrer Feldner.				2 Religion	
14.		6				Ordentl. Lehrer Dr. Ulbrich.				4 Französ. 3 Englisch	
15.		7				Ordentl. Lehrer Dr. Gusserow.					
16.		10				Ordentl. Lehrer Dr. Weismann.					4 Französ. 4 Englisch 3 Gesch. u. Geographie
17.		11				Ordentl. Lehrer Fettback.					
18.			1			Dr. Staedler.					
19.			2			Dr. Lindner.					
20.			3			Dr. Reichau.					
21.				1		Müller II.					
22.					1	Troschel, Zeichenlehrer.	3 Zeichnen	2 Zeichnen	2 Zeichnen	2 Zeichnen	2 Zeichnen
23.					2	Müller I., Zeichenlehrer.					
24.					3	Mittelhaus, Schreib- u. Gesangl.					
25.					4	Geyer, Gesanglehrer.					3 Gesang
							32+2	32+2	32+2	32+2	30+2

NB. Die Beaufsichtigung der nachbleibenden Schüler ist im Sommerhalbjahr denjenigen Lehrern, welche
    NB. In den vier Vorschulklassen hat jeder Ordinarius sämmtliche Lehrstunden gegeben.

Dorotheenstädtischen Realschule im Sommerhalbjahr 1871.

IIIa². Ord. Marthe.	IIIb¹. Ord. Schultze.	IIIb². Ord. Ligon.	IVa. Ord. Lange.	IVb. Ord. Feldner.	Va. Ord. Ulbrich.	Vb. Ord. Gusserow.	VIa. Ord. Fellbach.	VIb. Ord. Staedler.	Inspection	Stundenzahl
										7
5 Mathem.										19
Naturgesch.										20
					3 Religion					20
									1	19+1
					5 Französ.					19
										19
2 Religion 3 Deutsch 5 Latein 4 Französ. 4 Gesch. u. Geographie									1	19+1
	2 Religion 3 Deutsch 5 Latein 3 Gesch. u. Geographie	5 Latein							1	18+1
		2 Religion 4 Französ. 4 Englisch					3 Religion			20
			2 Religion 3 Deutsch 6 Latein				3 Religion		1	19+1
		5 Mathem.			4 Mathem.		5 Mathem.		1	19+1
				2 Religion 3 Deutsch 6 Latein 3 Gesch. u. Geographie		3 Religion				19
				2 Geographie 4 Deutsch 6 Latein						19
				5 Mathem.		4 Deutsch 6 Latein 4 Mathem.				19
4 Englisch	4 Englisch								1	19+1
	2 Naturgesch.	2 Naturgesch.	2 Naturgesch.	2 Naturgesch.			4 Deutsch 8 Latein			20
	4 Französ.							4 Deutsch 8 Latein 2 Geographie		18
			5 Französ.	5 Französ.	5 Französ.		2 Geographie			17
		3 Gesch. u. Geographie	3 Gesch. u. Geographie	3 Deutsch		2 Geographie				8
	5 Mathem.	3 Deutsch	5 Mathem.				5 Mathem.			18
Zeichnen	2 Zeichnen									15
		2 Zeichnen	2 Zeichnen	2 Zeichnen	2 Zeichnen	2 Zeichnen	2 Zeichnen	2 Zeichnen		14
			1 Schreiben	1 Schreiben	2 Schreiben	2 Schreiben	3 Schreiben 2 Gesang	3 Schreiben 2 Gesang		16
			1 Gesang	1 Gesang	2 Gesang	2 Gesang				9
30+2	30+2	30+2	30	30	30	30	29	29		429

...icht ihre volle Stundenzahl zu geben hatten, übertragen worden. Dazu kommen 6 Inspections- und 6 Turnstunden, in Summa   441

II. Verordnungen der Behörden von allgemeinerem Interesse.

1. Verfügung des Königlichen Provinzial-Schulcollegii der Provinz Brandenburg vom 4. Januar 1871. S. 8233. (Tit. II.) Es wird der Ministerialerlass vom 7. December 1870, U. 25680 [1], betreffend die Berechtigung der mit dem Zeugniss der Reife entlassenen Abiturienten der Realschulen erster Ordnung zum Studium der neueren Sprachen, der Mathematik und Naturwissenschaften, und zu der für die Anstellung im Staatsdienste erforderlichen Prüfung pro facultate docendi mitgetheilt. Derselbe lautet folgendermassen: „Zur Vorbereitung für die Universitätsstudien sind vorzugsweise die Gymnasien bestimmt. Auf ein bei einer Realschule erworbenes Maturitäts-Zeugniss ist bis jetzt die Zulassung zu den Universitätsstudien wie bei denjenigen, welche lediglich zur Erwerbung einer allgemeinen höheren Bildung die Universität zu besuchen wünschen, nur unter beschränkenden Formen gestattet. Die Immatriculation darf nur auf ein bestimmtes Zeitmass erfolgen und die Matrikel der betreffenden Studirenden muss mit einer besonders vorgeschriebenen Bemerkung versehen werden. Zu ihrer Inscription ist bei der philosophischen Facultät ein eigenes Album zu benutzen; sie werden nicht für ein bestimmtes Facultätsfach inscribirt und haben die Erklärung abzugeben, dass sie eine Anstellung im eigentlichen gelehrten Staats- und Kirchendienst nicht beabsichtigen. Auf vielseitige, in dieser Beziehung ausgesprochene Wünsche, sowie in Berücksichtigung der darüber von den Universitäts-Facultäten abgegebenen Gutachten will ich die gedachten Beschränkungen insoweit aufheben, dass hinfort die Realschulen erster Ordnung berechtigt sein sollen, ihre Schüler, welche ordnungsmässig ein Zeugniss der Reife erlangt haben, auch zur Universität zu entlassen, und dass ein solches Zeugniss in Beziehung auf die Immatriculation und auf die demnächstige Inscription bei der philosophischen Facultät dieselbe Gültigkeit hat, wie die Gymnasialzeugnisse der Reife. Dagegen ist die Inscription bei den übrigen Facultäten auf Grund eines solchen Zeugnisses nach wie vor nicht gestattet.

Was die späteren Staatsprüfungen betrifft, so werden von jetzt an Schulamtscandidaten, welche eine Realschule erster Ordnung besucht und nach Erlangung eines von derselben ertheilten Zeugnisses der Reife ein academisches Triennium absolvirt haben, zum Examen pro facultate docendi in den Fächern der Mathematik, der Naturwissenschaften und der neueren Sprachen, jedoch mit der Beschränkung der Anstellungsfähigkeit auf Real- und höhere Bürgerschulen, ohne vorhergängige besondere Genehmigung zugelassen werden.

Bei der Anstellung von Lehrern der neueren Sprachen, auch an Real- und höheren Bürgerschulen, wird das Königliche Pronvinzial-Schul-Collegium indessen nicht unberücksichtigt lassen, dass die umfassendere Sprachkenntniss und besonders die gründlichere grammatische Durchbildung, welche das Gymnasium gewährt, denjenigen einen Vorzug giebt, die ein Gymnasium besucht haben.

Ich beauftrage das Königliche Provinzial-Schul-Collegium, die Directoren der Realschulen erster Ordnung Seines Ressorts von obiger Berechtigung als einer Modification und Ergänzung des Reglements vom 6. October 1859 in Kenntniss zu setzen. Der Minister der geistlichen, Unterrichts- und Medicinal-Angelegenheiten. (gez.) v. Mühler. An sämmtliche Königliche Provinzial-Schul-Collegien."

2. V. d. K. S. C. d. P. B. vom 12. Januar 1871 sub 313 (Tit. XXI). Es wird der Ministerialerlass vom 11. Januar 1871, betreffend die Prüfung derjenigen Ober-Primaner, welche sich dem Officierstande widmen wollen, mitgetheilt. Derselbe lautet folgendermassen:

„Der Herr Minister der geistlichen, Unterrichts- und Medicinal-Angelegenheiten hat durch Erlass vom 11. Januar 1871 (U. 652) bestimmt, dass noch im Laufe des Januar eine schriftliche und mündliche Prüfung mit denjenigen Schülern der Ober-Prima abgehalten werde, welche sich überhaupt dem Militairstande widmen wollen und

1. die Zustimmung ihrer Eltern resp. Vormünder nachweisen, dass sie auf Beförderung zum Officier in das Kriegsheer eintreten,

2. ein ärztliches Attest über ihre Dienstfähigkeit und
3. ein Annahmeattest eines Truppen-Kommandeurs beibringen.

Wir weisen demgemäss Ew. Wohlgeboren hierdurch an, mit denjenigen Schülern, welche dem ersten oder dem zweiten Semester der Ober-Prima angehören und die drei bezeichneten Atteste beizubringen im Stande sind, eine schriftliche und mündliche Abiturienten-Prüfung zu veranstalten und die Vorbereitungen dazu sofort zu treffen. Die Aufgaben für die schriftlichen Arbeiten sind zur Auswahl den am Orte befindlichen stellvertretenden Königlichen Prüfungs-Kommissarien vorzulegen, welche auch den Vorsitz bei der mündlichen Prüfung übernehmen werden. Der Einladung der anderweiten Local-Kommissarien zu derselben bedarf es nicht. An Orten, wo stellvertretende Königliche Prüfungs-Kommissarien nicht vorhanden sind, sind die Aufgaben an uns schleunigst zu übersenden, worauf wir wegen des Vorsitzes bei der mündlichen Prüfung sofort Bestimmung treffen werden.

In den Maturitätszeugnissen ist die Bemerkung aufzunehmen, dass die Zulassung zu dieser ausserordentlichen Abiturientenprüfung auf Grund der kundgegebenen Absicht erfolgt sei, in die militairische Laufbahn einzutreten.

Sollten von einer Anstalt sich keine Aspiranten für diese Prüfung finden, so ist uns davon sofort Anzeige zu machen. Binnen 14 Tagen nach abgehaltener Prüfung ist ein tabellarisches Verzeichniss derjenigen, welche dieselbe bestanden haben, unter Angabe des Alters, der Dauer ihres Schulbesuchs und des Aufenthaltes in Prima, sowie des Standes der Eltern an uns einzureichen.

Einer besonderen Instruction in Betreff der Einrichtungen dieser Prüfung und besonders hinsichtlich ermässigter Anforderungen, welche unter den vorliegenden Umständen in denjenigen Gegenständen zulässig erscheinen, bei welchen es mehr auf die Aneignung eines bestimmten Wissensmaterials ankommt, wird es um so weniger bedürfen, als wir der pädagogischen Einsicht der Herren Directoren in dieser Beziehung vertrauen können, zumal sie sich auf die bei den vorjährigen ausserordentlichen Prüfungen gemachten Erfahrungen stützen werden. Königl. Provinzial-Schul-Collegium. Reichenau.

V. d. K. S. C. d. P. B. vom 3. Januar 1871 sub Nr. 2 (Tit. XXVI). Die Osterferien sollen dauern vom 2. bis 16. April; die Pfingstferien vom 26. bis zum 31. Mai; die Sommerferien vom 1. bis 30. Juli; die Michaelisferien vom 1. bis zum 16. October; die Weihnachtsferien vom 21. December 1871 bis zum 3. Januar 1872.

V. d. K. S. C. d. P. B. vom 14. Februar 1871 (Tit. IX). Es sind von diesem Jahre an 337 Exemplare des Programms einzusenden.

Wenn die Abhandlung naturwissenschaftlichen Inhalts ist und die Provinz Brandenburg betreffende Gegenstände zum Zweck hat, so ist zufolge der Circular-Verfügung vom 12. Juni 1866 noch ein Exemplar für das Königliche Ober-Berg-Amt zu Halle beizufügen, dessen auch im Begleit-Bericht zu erwähnen.

V. d. K. S. C. d. P. B. vom 13. April 1871 (Tit. XVII). Die „Zeitschrift für Preussische Geschichte und Landeskunde", unter Mitwirkung von Droysen, Duncker, L. v. Ledebur, L. v. Ranke und Riedel, herausgegeben vom Prof. Dr. David Müller, wird empfohlen.

V. d. K. S. C. d. P. B. vom 14. Februar 1871 sub Nr. 1031. Es wird genehmigt, dass im Sommersemester 1871 die Lehrstunden in den Vorschulklassen von 26 auf 24, in Sexta von 32 auf 30, in Quinta von 33 auf 30, in Quarta von 33 auf 30, in Tertia von 34 auf 32 herabgesetzt werden.

III. Chronik der Anstalt.

A. Die Schule.

Die Anstalt besteht aus 14 Realklassen und 4 Vorschulklassen, nämlich: 1. Prima, 2. Ober-Secunda, 3. und 4. Unter-Secunda Coet. I und II, 5. und 6. Ober-Tertia Coet. I und II, 7. und 8. Unter-Tertia Coet. I und II, 9. und 10. Quarta Coet. I und II, 11. und 12. Quinta Coet. I und II, 13. und 14. Sexta Coet. I und II. 15.—18. vier Elementarklassen. Diese 18 Klassen sind gegenwärtig in folgender Weise untergebracht. A. Im Vorderhause Georgenstrasse Nr. 23 neun Klassen, nämlich: 2 Treppen hoch IIa, IIIa1, IIIb1 und IIIb2; 3 Treppen hoch I, IIb1, IIb2, IVa und IVb. B. Im Hinterhause sechs Klassen, nämlich: VIa und VIb zwei Treppen hoch, Va und Vb eine Treppe hoch, die 1. und die 4. Vorschulklasse parterre. Im Hause Georgenstrasse Nr. 18 drei Klassen, nämlich: die 2. und 3. Vorschulklasse und IIIa2. Um die Klassen IIb1 und IIb2 unterzubringen, ist der Schulsaal durch eine hölzerne Wand getrennt worden, die jedesmal herausgenommen werden muss, wenn der Saal zu einer Schulfeierlichkeit benutzt werden soll.

B. Lehrer.

Aus dem Lehrer-Collegium schieden Michaelis 1870: 1. Der ordentliche Lehrer Dr. Bruno Meyer, um seine ganze Thätigkeit literarischen Arbeiten zu widmen. 2. Der Candidat des höheren Schulamts Dr. Stimming, um eine Stelle an der Realschule in Kiel zu übernehmen. 3. Der Schreiblehrer Gross, um eine Stelle an der Vorschule des hiesigen Friedrichs-Gymnasiums zu übernehmen.

Diesen ehemaligen Collegen sage ich für die Gewissenhaftigkeit, den Eifer und die Liebe, die sie der ihnen anvertrauten Jugend gewidmet haben, im Namen der Anstalt den aufrichtigsten Dank.

Eingetreten sind Michaelis 1870: 1. Der Candidat des höheren Schulamts Müller als cand. probandus. 2. Der Schreiblehrer Mittelhaus. Ostern 1871: 3. Der Candidat des höheren Schulamts Baack als cand. probandus.

Neu angestellt sind: 1. Dr. Ernst Weismann, geb. d. 7. April 1843 zu Frankfurt a. M. Er erhielt seine Schulbildung auf dem Gymnasium seiner Vaterstadt, studirte 1863—1867 in Bonn Geschichte und Philologie. Hierauf nahm er eine Hauslehrerstelle zuerst in Cöln, dann in Düsseldorf an. Während dieser Zeit erwarb er sich in Bonn die philosophische Doctorwürde und absolvirte daselbst das Examen pro facultate docendi am 24. Juli 1869. Michaelis 1869 trat er, um sein Probejahr abzulegen, in das Lehrer-Collegium der Dorotheenstädtischen Realschule, wurde am 1. October 1870 als zehnter ordentlicher Lehrer angestellt und am 16. December 1870 vereidigt.

2. Julius Fettback, geboren den 5. October 1843 zu Arendsee in der Altmark, erhielt seine Schulbildung auf der Realschule in Perleberg und dem Gymnasium in Salzwedel und studirte von 1863—1867 in Berlin Naturwissenschaften. Er legte das Examen pro facultate docendi in den naturwissenschaftlichen Fächern im November 1868 und das Probejahr von Ostern 1869 an der Dorotheenstädtischen Realschule ab, wurde dann ebendaselbst als Hülfslehrer beschäftigt und erhielt Ostern 1871 die elfte ordentliche Lehrerstelle. Seine Vereidigung ist noch nicht erfolgt.

C. Schüler.

Die Schülerzahl betrug am Ende des vorigen Schuljahres 551, im Winter-Semester 1870—71: 552, im Sommer-Semester 1870: 546; davon waren in der Realschule im Winter 408, im Sommer 402; in der Vorschule im Winter 144, im Sommer 144. In den einzelnen Klassen waren:

im Winter in I 9, im Sommer 10, im Winter in IIIb₁ 33, im Sommer 32,
„ IIa 20, „ 22, „ IIIb₂ 31, „ 30,
„ IIb₁ 20, „ 20, „ IVa 41, „ 34,
„ IIb₂ 22, „ 11, „ IVb 41, „ 36,
„ IIIa₁ 26, „ 37, „ Va 35, „ 40,
„ IIIa₂ 18, „ 21, „ Vb 34, „ 39,
im Winter in VIa 38, im Sommer 35.
„ VIb 40, „ 35.
„ 1 40, „ 38.
„ 2 36, „ 33.
„ 3 30, „ 37.
„ 4 38, „ 36.

Seit Michaelis 1870 haben 113 Schüler die Anstalt verlassen, dagegen sind im Laufe des Schuljahres 108 Schüler aufgenommen worden.

Mit dem Zeugniss der Reife sind im abgelaufenen Schuljahr entlassen worden:

1. Paul Braun aus Wriezen a. O., evangelischer Confession, 19½ Jahr alt, 5 Jahr auf der Schule, 2 Jahr in Prima (er ist in das Königliche Kriegsheer eingetreten). In der am 9. August 1870 unter dem Vorsitze des Königl. Provinzial-Schulraths Herrn Dr. Gottschick abgehaltenen Prüfung erhielt Braun das Prädikat „Genügend bestanden".

2. Emil Schmidt aus Berlin, evangelischer Confession, 19 Jahr alt, 6 Jahr auf der Schule, 2 Jahr in Prima (er hat sich dem Kaufmannsstande gewidmet). In der am 13. September 1870 unter dem Vorsitze des Königl. Provinzial-Schulraths Herrn Dr. Gottschick abgehaltenen Prüfung erhielt Schmidt das Prädikat „Gut bestanden".

3. Albert Hübner aus Berlin, evangelischer Confession, 18 Jahr alt, 8 Jahr auf der Schule, 2 Jahr in Prima (er hat sich dem Baufach gewidmet). Von der Prüfungs-Commission, die am 29. August 1871 unter dem Vorsitze des Königl. Provinzial-Schulraths Herrn Dr. Klix zusammengetreten war, wurde ihm unter Erlassung der mündlichen Prüfung das Zeugniss der Reife mit dem Prädikat „Gut bestanden" zuerkannt.

Ausserdem haben im verflossenen Schuljahre (Michaelis 1870 incl. bis Michaelis 1871 excl.) folgende Schüler die Anstalt verlassen:

Klasse	Name.	Alter Jahre	Beruf.	Klasse	Name.	Alter Jahre	Beruf.
A. Am Schlusse des Sommer-Semesters 1870.				IIIa₂	Alfred Hoffmann	17	Kaufmann.
					Ernst Seyppel	16	desgl.
IIa	Robert Bohnhof	16¾	Ingenieur.	IIIb₁	Otto Theuerkorn	14	Steindrucker
	Friedrich Schafheitlin	15¾	Friedr.-Realsch.		Gustav Hagen	13	Andere Schule.
IIb₁	Max Cohn	16¾	Kaufmann.	IIIb²	Carl Kohnert	15½	Seemann.
	Ernst Cray.	17½	Buchhändler.		Paul Meyer	16	Banquier.
	Isidor Hamburger	18	Kaufmann.		Paul Ostwalt	15	Handelsschule.
	Richard Hardt	16½	desgl.		Adolf Pferdner	14	Kaufmann.
	Max Neufeld	18	desgl.		Carl Vossberg	15½	desgl.
	Carl Sucker	17	Andere Schule.	IVa	Eugen Maass	15	desgl.
IIb₂	Alexander Bernstein	16	Kaufmann.	IVb	Emil Schiff	11	Fr.-Werd.Gymn.
	Leo Friedländer	17½	desgl.	Va	Georg Bennecke	12½	Andere Schule.
	Otto Goldammer	18	Königst. Realsch.		Max Schneider	15	Gewerbeschule.
	Albert Hübner	17½	Beamter.		Franz Kalkhoff	10	Friedr.-Gymn.
	Hugo Lissa	17½	Kaufmann.		Wilhelm Bürger	12½	Nach ausserhalb.
IIIa₁	Paul Hiller	15½	desgl.	Vb	Richard Blümer	12½	Königst. Realsch.
	Bernhard Meyer	14¼	desgl.		Louis Göttinger	11	Sachsesche Sch.
IIIa₂	Carl Gnanck	15¾	desgl.		Alfred Hübner	14	Kaufmann.

Klasse	Name	Alter Jahre	Beruf	Klasse	Name	Alter Jahre	Beruf
V b	Richard Kohn	11	Nach ausserhalb.	II b₁	Ernst Cunow	15	Kaufmann.
	Carl Rosenthal	12	Höh. Bürgersch.		Paul Christoph	18½	desgl.
	Paul Schiff	9³/₄	Fr.-Werd. Gymn.		Otto Bosse	16¼	desgl.
	Leo Lehmann	13¼	Friedr.-Gymn.		Julius Gerber	17½	desgl.
	Alfred Levinsohn	11	Sophien-Gymn.		Louis Meyer	17¼	desgl.
	Isaak Simon	10	desgl.		Richard Meyer	17¾	desgl.
VI a	Franz Baumann	10¾	Königst. Realsch.		Georg Sommerfeld	17	desgl.
	Paul Ohse	10¼	?		Rudolf Wienecke	16¼	desgl.
	Siegmund Hahn	9¼	?	II b₂	Emil Herrmann	18	desgl.
	Ernst Grassheim	10	?		Arthur Levy	18	desgl.
	Max Jeidels	10	Königst. Realsch.		Adolf Mehrke	15¾	desgl.
	Franz Leo	13	?	III a₁	Kubel		?
	Curt Mossner	10	?		Hubert Candler	15	Holzbildhauer.
VI b	Oscar Bielicke	10½	Köln. Gymuas.		Hermann Plettig		Kaufmann.
	Georg Borgfeld	11½	Köln. Realsch.	III a₂	Carl Pinckert	15¾	Königst. Realsch.
	Bruno Liebrecht	9	Friedr.-Gymn.	III b₁	Richard Bloch	14	N. Freienwalde.
	Max Vetter	12	?		Otto Markmann	15	Schneider.
	Hans Zimmermann	10	?		Eduard Meyer	15¼	Kaufmann.
	Willy Löwenthal	10	?	III b₂	Rudolf Natow	15	desgl.
1	Carl Rosenthal	8	Fr.-Werd. Gymn.		Paul Otto	14	Potsd.Kadettenh.
	Paul Schafheitlin	9	Friedr.-Realsch.	IV a	Max Reuther	12½	„ Realsch.
	Otto Schüler	8	Friedr.-Gymn.		Richard Löwenstein	15½	Kaufmann.
	Hellmuth Stechow	9	Fr.-Werd. Gymn.		Reinhold Gaede	13	Luisenst.Realsch.
	Richard Tarlau	9	Köln. Gymnas.		Hans Wilberg	14	Privatunterricht.
	Willy Zimmermann		?		Axel Lenz	12	Andere Schule.
2	Hugo Jeidels	8	Königl. Realsch.	IV b	Willy Schmelter	14¾	Kaufmann.
	Johann Droz	9	Gemeindeschule.	V a	Georg Bach	14	desgl.
	Max Pfund	10	?	V b	Adolphus Lichtenhain	11	Sachs'scheSchule
3	Adolph Dorn	9	?		Franz Rennert	12	N. Charlottenbg.
	Oscar Grunewald	8½	?		Georg Bosse		?
	Willy Thiele	7	?	VI b	Hugo Salbach	11¾	Friedr.-Gymn.
4	Horst Brehm	7	?		Otto Wetzel	12	?
					Georg Grosse		
	B. Weihnachten 1870.			1	Emil Müller	10½	Nach Falkenberg
				2	Georg Witkowski	8	N. Charlottenbg.
1	Hermann Schalow	18	Kaufmann.	3	Arthur Schüler	7	Friedr.-Realsch.
II a	Ferdinand Habel	17	desgl.	4	Paul Witkowski	6	N. Charlottenbg.
	Friedrich Rieckel	17½	desgl.		Fritz Truntz	6¼	Krank.
II b₂	Edmund Landsberger	15¾	desgl.				
III a₂	Carl Kühne	15	Andere Anstalt.		**D. Johannis 1871.**		
III b₁	Georg Witte	15½	Kaufmann.				
	August Wittenberg	13½	Andere Anstalt.	II a	Richard Levy	17	Kaufmann.
VI a	Georg Hoppe	11	SpandauerGymn.	II b₂	Emil Jülich	18	desgl.
					Johannes Arlt	16¾	Joachimsth.Gym.
	C. Ostern 1871.				Otto Fahrenkamp	16	Nach Minden.
					Georg Nobiling	17¼	Kaufmann.
II a	Heinrich Haake	18	Kaufmann.	IV a	Oscar Krieg	14½	Musikus.
	Wilhelm Strutz	18	desgl.		Wilhelm Weber	15	Kaufmann.
	Friedrich Wachsmuth	17½	desgl.	V b	Richard Deistel	13	Nach Colmar.
	Eugen Hanus	15¼	desgl.	VI a	Max Deistel	11	desgl.
	Alexander Voigt	16	desgl.		Max Baer	13	?
				VI b	Max Haffer	11	N.Pichelswerder.
				2	Oscar Deistel	7½	Nach Colmar.
				3	Hermann Haffer	8½	N.Pichelswerder.

Zwei hoffnungsvolle Schüler der Sexta B. haben wir durch den Tod verloren: 1. Hermann John ist am 3. März und 2. Carl Rodenhagen am 8. September 1871 gestorben. Wir haben an dem Schmerze der Eltern den aufrichtigsten Antheil genommen.

In dem Kriege, den wir im vorigen Jahre gegen Frankreich geführt haben, sind ausser den bereits im vorjährigen Programm genannten noch folgende ehemalige Schüler unserer Anstalt, die erst vor Kurzem die Schule verlassen hatten, den Heldentod gestorben, nämlich: 1. Louis Crohn, geboren zu Wollin i. Pomm. am 13. Mai 1848, Gefreiter im 3. Brandenburg. Infant.-Regt. Nr. 20, wurde am 16. August 1870 in der Schlacht bei Vionville (Metz) durch einen Schuss in den Unterleib getödtet. 2. Albert Meyer (Ingenieur), geboren am 8. Januar 1849, gestorben als einjährig Freiwilliger im Kaiser Franz-Garde-Grenadier-Regiment zu Villiers-le-Bel bei Paris am 19. October 1870. 3. Robert Elsasser (Bureau-Beamter), geboren zu Bromberg am 16. October 1848, am 10. Januar 1871 am rechten Unterarm verwundet und am 16. Februar a. c. im Lazareth zu Vendôme seiner Wunde erlegen. Er diente im 3. Brandenburg. Infanterie-Regiment Nr. 35. 4. Emil Kühls, geboren den 9. August 1846, Lieutenant im 1. Garde-Ulanen-Regiment, fiel bei Paris den 23. November 1870. 5. Albert Kühls, geboren den 7. April 1849, gestorben in Epinal den 25. Februar 1871 Er diente im 1. Reserve-Jäger-Bataillon, in der 11. Compagnie.

Ihr Andenken wird bei uns in Ehren gehalten werden.

D. Lehr-Apparat.

Für die Lehrer-Bibliothek, die von Herrn Oberlehrer Dr. Frederichs verwaltet wird, sind ausser den Fortsetzungen früher angeschaffter Werke erworben worden: Ernst v. Bunsen, die Einheit der Religionen. 1 Bd. Berlin, 1870. — H. Helmholtz, Die Lehre von den Tonempfindungen. 3. Aufl. Braunschweig 1870. — J. Vilbort, L'oeuvre de M. de Bismarck. Paris 1869. — H. Buckle's Geschichte der Civilisation in England, deutsch von A. Ruge. 4. Aufl. 2 Bde. Leipzig und Heidelberg 1871. — L. Pappenheim, Handbuch der Sanitätspolizei. 2 Bde. 2. Aufl. Berlin 1870. — Zirkel, Lehrbuch der Petrographie. Bonn 1866. — Hildebrandt, Reise um die Erde. Berlin 1870. — Häusser's gesammelte Schriften. 2 Bde. Berlin 1869. — Angerstein, Das deutsche Turnen. Cöln 1870. — v. Raumer, Literarischer Nachlass. Berlin 1869. — v. Humboldt, Kosmos. 4 Theile. Jubiläums-Ausgabe zum 14. September 1869. Stuttgart 1869. — Brachet, Dictionnaire etymologique. Paris. — Ditscheiner, Handwörterbuch der deutschen Sprache. Weimar 1870. — Spinoza's System der Philosophie. Berlin 1870. — Spinoza's sämmtliche Werke. Aus dem Lateinischen, mit dem Leben Spinoza's, von Berthold Auerbach. 5 Bändchen. Stuttgart 1841. — Scheffel, Der Trompeter von Säckingen, ein Sang vom Oberrhein. Stuttgart 1870. — Scheffel, Gaudeamus. — v. Hartmann, Philosophie des Unbewussten. Berlin 1870. — Carl Peter, Geschichte Roms. 1 Bd. Halle 1870. — Bergmann, Grundlinien einer Theorie des Bewusstseins. Berlin 1870. — Janus, Der Papst und das Concil. Leipzig 1869. — v. Schelling's sämmtliche Werke. 1. u. 2. Abth., im Ganzen 14 Bde. Stuttgart u. Augsburg 1856. — L. Ranke, Die deutschen Mächte und der Fürstenbund; deutsche Geschichte von 1780—1796. Leipzig 1871. — Hegel in philosophischer, politischer und nationaler Beziehung, von Dr. Karl Köstlin. Tübingen 1870. — v. Giesebrecht, Deutsche Reden. Leipzig 1871. — Fr. Sarcey, Le Siége de Paris. Paris 1871. — Varnhagen v. Ense, Ausgewählte Schriften. Bd. I. Denkwürdigkeiten des eigenen Lebens. Leipzig 1871. — J. Stiefel, Deutsche Lyrik des 18. Jahrhunderts. Leipzig 1871. — Ernste Spiele, Vorträge, theils neu, theils längst vergessen, von Prof. E. Erdmann in Halle. 2 Bde. Berlin 1870. — J. Leyser, Goethe in Strassburg, ein Beitrag zur Entwickelungsgeschichte des Dichters. Neustadt a. d. Haardt 1871. — Charles Darwin, Die Abstammung des Menschen und die geschlechtliche Zuchtwahl. Aus dem Englischen, übersetzt von Victor Carus. Stuttgart 1871. — H. v. Sybel, Der Friede von 1871. Düsseldorf 1871. — Franz v. Löher, Aus Natur und Geschichte von Elsass-Lothringen. Leipzig 1871. — Dr. Oscar Jäger, Gymnasium und Realschule I. Ordnung. Mainz 1871. — Schul-Diätetik. Praktische Gesundheitspflege in Schulen, von Dr. med. H. Klencke. Leipzig 1871. — Dr. E. Brücke, Die physiologischen Grundlagen der neu-hochdeutschen Verskunst. Wien 1871. — Abiturienten-Prüfungs-Reglement. — Deroux, histoire des conciles oecumènes. — Musbacke, Schulkalender 1870.

Schulkalender 1871. — Passavant, Beseitigung der Excremente aus dem Schulgebäude. Frankfurt. — Wangemann, Biblisches Hand- und Hülfsbuch zu Luthers kleinem Katechismus. — Loyson, L'assamblée du clergé de France de 1862. Paris 1870. — Barth, Ueber den Umgang. Ein Beitrag zur Schulpaedagogik. Leipzig 1870. — Rodrigues, Rois des Juifs. Paris 1870. — Dilthey, Das Leben Schleiermacher's. 1 Bd. Berlin 1870. — Windelband, Die Lehre vom Zufall. Berlin 1870. — Müller, Politische Geschichte der Gegenwart. III. Bd. Berlin 1870. — Lorenz, Deutschlands Geschichtsquellen im Mittelalter. Berlin 1870. — Max Müller, Vorlesungen über die Wissenschaft der Sprachen. 1. u. 2. Serie. — Schott, Handbuch der paedagogischen Literatur der Gegenwart. I. Th. — Treitschke, Was fordern wir von Frankreich? — Hirth, Tagebuch des deutsch-französischen Krieges 1870. 1. Heft. — Geist, Schulandachten. Halle 1871. — Entwurf eines Unterrichtsgesetzes. Berlin 1869. — Schönwälder und Guttmann, Geschichte des Königlichen Gymnasiums zu Brieg zur 300jährigen Jubelfeier. Breslau 1869. — Prevost-Paradol, La France nouvelle. — Strauss und Voltaire, Sechs Vorträge. 2. Aufl. Leipzig 1870. — Schildbach, Die Schulbaukfrage und die Kunze'sche Schulbank. Leipzig 1869. — Virchow, Ueber gewisse, die Gesundheit benachtheiligende Einflüsse der Schulen. Berlin 1869. — Euler, Turnverordnungen. — Rampe, Die Erkenntnisstheorie des Aristoteles. Leipzig 1870. — Zelle, Der Unterschied in der Auffassung der Logik bei Aristoteles und bei Kant. Berlin 1870. — Strauss, Krieg und Frieden. Zwei Briefe an E. Renan und dessen Antwort auf den Ersten. Leipzig 1870. — Tocqueville, l'ancien régime et la révolution. Paris 1866. — Academische Gutachten über die Zulassung von Realschul-Abiturienten zu Facultätsstudien. Berlin 1870. — Emil du Bois-Reymond, Ueber den deutschen Krieg. Rede am 3. August 1870. Berlin 1870. — Wangemann, Kurze Geschichte des evangelischen Kirchenliedes. Berlin 1865. — Raumer, Geschichte der Germanischen Philologie. München 1870. — Grimm's kleinere Schriften. — History of the public School society. — Ussing, Erziehungswesen der Alten. — Le R. P. Hyacinthe, La famille compte rendu des conferences de Notre-Dame. Paris 1870. — La guerre de 1870 par Emil Leclercq. Bruxelles 1870. — H. Peter, Der Krieg des grossen Kurfürsten gegen Frankreich 1672—1675. Halle 1870. — Dr. Julius Bahnsen, Beiträge zur Charakterologie. Mit besonderer Berücksichtigung pädagogischer Fragen. 2 Theile. Leipzig 1867.

Ausserdem sind als Geschenke der Verfasser der Lehrer-Bibliothek übergeben worden: 1. Ueber den Begriff der Tochtersprache. Ein Beitrag zur gerechten Beurtheilung des Romanischen, namentlich des Französischen, von Franz Scholle. Berlin 1869 (bereits im October 1869 übergeben, aber im vorjährigen Programm noch nicht erwähnt). 2. Aus Russlands Vergangenheit. Kulturgeschichtliche Skizzen von Dr. William Pierson. Leipzig 1870. 3. Matthaeus Praetorius, Deliciae Prussicae oder Preussische Schaubühne. Im wörtlichen Auszuge aus dem Manuscript herausgegeben von William Pierson, Professor an der Dorotheenstädtischen Realschule. Mit 2 lithographirten Tafeln. Berlin 1871. 4. Lehrbuch der italienischen Sprache zum Schul-, Privat- und Selbstunterricht. Mit einem Lesebuche und einem deutsch-italienischen und italienisch-deutschen Wörterbuche. Von Dr. Gustav Leopold Staedler. Herausgegeben von Dr. Karl Staedler. Berlin 1871.

Den Herren Collegen sage ich für diese Gaben im Namen der Anstalt den herzlichsten Dank.

Für die Schüler-Bibliothek, deren Leitung Herr Feldner übernommen hat, sind ausser den nöthigen Ergänzungen und Fortsetzungen angeschafft worden: Hertzberg, der Feldzug der Zehntausend Griechen. — Buchner, Götz von Berlichingen. Gneisenau. Albrecht Dürer. — Neues Vaterländisches Ehrenbuch von 1870—1871. — Robert König, der grosse Krieg 1870. — Sonnenburg, Geschichte des deutsch-französischen Krieges. — Ferd. Schmidt, der Franzosenkrieg. 1. Hälfte. — Hoffmann, Durch Nacht zum Licht. Mozart's Jugendjahre. Wenn Gott hilft, geht Alles. Die Stimme des Herrn. Auf der Flucht. Conscience, der Löwe von Flandern. — Wagner, Hausschatz. — Weidinger, Friedrich der Grosse. — Göhring, Columbus. — Arnd, Geschichte der Jahre 1860—1867. I. — Göhring, die Helden der deutschen Befreiungskriege. — Ludwig, der deutsche Krieg. — Die Welt der Jugend. Bd. 4 und 6. — Cooper, Lederstrumpf-Erzählungen.

Für das physikalische Kabinet sind angeschafft: 1. Eine Inclinationsnadel. 2. Zwei Apparate für die Centrifugalmaschine. 3. Ein Werkzeugkasten.

Für das chemische Laboratorium sind die für den Unterricht erforderlichen Reagentien und Geräthschaften angekauft worden.

Für das naturhistorische Kabinet sind angeschafft worden: 1. Büchner's colorirte Pilzmodelle, Gruppe 1 bis 6. 2. Mehrfache Ergänzungen der Krystall-Sammlung.

E. Geschenke.

Im verflossenen Schuljahr hat die Anstalt folgende Geschenke erhalten: 1. Von dem Herrn Lehrer Schullze zwölf Salzproben aus Berchtesgaden. 2. Von dem Ober-Secundaner Georg Volkens ein von ihm selbst construirtes Schrauben-Modell aus Blech (zur Benutzung in der Projectionslehre) und zwei Früchte der Elephantusia macrocarpa. 3. Von dem Unter-Secundaner Wilhelm Otto Calwer's Käferbuch und zwei preussische Fahnen. 4. Von dem Unter-Secunder Ernst Oberkampf mehrere Hefte der Gewerbehalle, Jahrgang 1865 (zur Benutzung für den Zeichenunterricht). 5. Von dem Unter-Secundaner Otto Goldammer drei Gypsvorlagen (Ornamente). 6. Von dem Ober-Secundaner Paul Pape einen selbst angefertigten Reagenzglas-Halter. 7. Von dem Unter-Secundaner Adolph Mehrke mehrere von ihm selbst angefertigte Krystall-Modelle. 8. Von dem Ober-Secundaner Ferdinand Habel eine pneumatische Wanne.

Für diese Geschenke sage ich im Namen der Anstalt den herzlichsten Dank.

F. Unterstützungsfonds für bedürftige Schüler.

Das Capital des Unterstützungsfonds für bedürftige Schüler besteht gegenwärtig a) in 100 Thlr. Staatspapieren (Preuss. Staatsanleihe vom Jahre 1859 Lit. D. Nr. 14,148); b) in 97 Thlr. 13 Sgr. 8 Pf., die auf der städtischen Sparkasse angelegt sind, zusammen in 197 Thlr. 13 Sgr. 8 Pf. Eingenommen worden sind: 1. Von Herrn Ferdinand Reichenheim 4 Thlr. 2. Von Herrn Th. Claepius 2 Thlr. 3. Von Herrn Louis Liebermann 4 Thlr. Zusammen 10 Thlr.

Ausserdem haben folgende Schüler bei ihrer Aufnahme zum Unterstützungsfonds gezahlt: 1. Der Elementarschüler Reinhard Stechow 1 Thlr. 2. Der Ober-Tertianer August Köhler 1 Thlr. 3. Der Unter-Tertianer Anton Köhler 1 Thlr. 4. Der Unter-Secundaner Hans Fehlow 1 Thlr. 5. Der Elementarschüler Ernst Erbrecht 1 Thlr. 6. Der Elementarschüler Georg Levin 22 Sgr. 6 Pf. 7. Der Elementarschüler Carl Westphal 6 Thlr. 8. Der Elementarschüler Max Barsch 1 Thlr. 9. Der Quintaner Felix Meyer 1 Thlr. 10. Der Unter-Tertianer Richard Reichert 1 Thlr. 11. Der Elementarschüler Carl Erbrecht 1 Thlr. 12. Der Elementarschüler Alfred 2 Thlr. 13. Der Elementarschüler Eugen Stosser 1 Thlr. 14. Der Elementarschüler Friedrich Jung 3 Thlr. 15. M. B. 3 Thlr. Zusammen 24 Thlr. 22 Sgr. 6 Pf. Also Gesammt-Einnahme: 34 Thlr. 22 Sgr. 6 Pf.

Verausgabt worden sind: 1. Am 26. November 1870 an die Peiser'sche Buchhandlung 16 Thlr. 13 Sgr. 2. Am 12. September 1871 an dieselbe 10 Thlr. 16 Sgr. 6 Pf., zusammen 26 Thlr. 29 Sgr. 6 Pf. Mehr-Einnahme 5 Thlr. 23 Sgr.

Der Unterstützungsfonds hatte am Ende des vorigen Jahres disponibel 35 Thlr. 21 Sgr. 9 Pf., dazu obige Mehr-Einnahme von 5 Thlr. 23 Sgr., bleiben disponibel 41 Thlr. 14 Sgr. 9 Pf.

Die Zinsen des Capitals von 100 Thlr. sind im Betrage von 5 Thlr. an einen fleissigen Schüler gezahlt.

Indem ich den geehrten Gebern für die Beiträge zum Unterstützungsfonds den herzlichsten Dank sage, richte ich an die Eltern unserer Schüler und an edle Menschenfreunde die ergebenste Bitte, mir zu dem genannten Zwecke gütigst Beiträge zuwenden zu wollen. Die Gymnasien besitzen Legate zu Stipendien noch aus alter Zeit, in welcher der fromme Sinn unserer Vorfahren der Schule nicht vergass. Für die Realschulen, die eine Schöpfung des 19. Jahrhunderts sind, ist in ähnlicher Weise fast noch gar nichts geschehen; dennoch gebe ich mich der zuversichtlichen Hoffnung hin, dass die Gegenwart, in welcher sich der Zusammenhang der öffentlichen Bildung mit den bürgerlichen Interessen nicht mehr verkennen lässt, weil es Niemandem gleichgültig sein kann, ob die Kinder seines Nachbarn roh aufwachsen oder zu gebildeten Menschen erzogen werden, hinter der Vergangenheit nicht zurückstehen werde. Ueber die Verwendung der eingegangenen Gelder werde ich im nächsten Programm Rechnung legen.

Ausserdem habe ich die erfreuliche Mittheilung zu machen, dass zwei ehemalige Lehrer der Anstalt uns Prämien für fleissige Schüler übersendet haben. 1. Herr Schulvorsteher Dr. Doebbelin hat uns Shakespeare's Werke, 2. Herr Dr. Bruno Meyer den Grundriss der Kunstgeschichte von Dr. Wilhelm Lübke zur Disposition gestellt. Unseren ehemaligen Collegen sage ich für diesen Beweis ihrer treuen Anhänglichkeit, die sie der Dorotheenstädtischen Realschule auch nach ihrem Abgange bewahrt haben, im Namen der Anstalt den aufrichtigsten und herzlichsten Dank.

G. Stipendien.

Die Anstalt hat bis jetzt erst über ein einziges Stipendium zu verfügen, nämlich das der Bussmann-Paul-Stiftung. Dieselbe wurde im Jahre 1861 bei Gelegenheit des 25jährigen Jubiläums der Anstalt zur Unterstützung fleissiger Schüler gegründet, und besitzt gegenwärtig ein Capital von 200 Thlr. in Berliner Stadt-Obligationen à $4\frac{1}{2}$ Procent, nämlich: 1) eine Obligation über 100 Thlr., Litt. E. Nr. 6246; 2) eine Obligation über 20 Thlr., Litt. H. Nr. 3641; 3) eine desgl. Litt. H. Nr. 4630; 4) eine desgl. Litt. H. Nr. 5021; 5) eine desgl. Litt. H. Nr. 5051; 6) eine desgl. Litt. H. Nr. 5025. Die Zinsen im Betrage von 9 Thlr. sind an einen armen fleissigen Schüler gegeben worden.

H. Schulfeierlichkeiten.

Am 2. November 1870 wurde die Erinnerung an die Einführung der Reformation festlich begangen. Die Festrede hielt vor den oberen Klassen der Primaner Hermann Schalow, vor den unteren der Director. Die geprägte Reformationsmedaille erhielt der Primaner Hermann Schalow.

Am 22. März wurde der Geburtstag Sr. Majestät des Königs in üblicher Weise gefeiert. Die Festrede hielt der Lehrer Schnlzc.

Am 1. October 1870 und am 1. April 1871 fand die feierliche Austheilung der Censuren und am 29. März ein Rede-Actus Statt.

Am 2. September 1871 wurde die Erinnerung an die Schlacht bei Sedan durch eine Feier auf dem Schulhofe festlich begangen. Der Choral: „Nun danket alle Gott" eröffnete die Feier, am Schluss derselben wurde „Die Wacht am Rhein" gesungen. Die Festrede hielt der Director.

I. Ferien.

Das Winter-Semester hat am 17. October 1870, das Sommer-Semester am 17. April 1871 begonnen. Die Weihnachtsferien haben vom 22. December 1870 bis zum 5. Januar 1871, die Osterferien vom 2. bis zum 16. April, die Pfingstferien vom 3. bis 8. Juni, die Sommerferien vom 10. Juli bis zum 7. August gedauert. Wegen grosser Hitze ist der Nachmittags-Unterricht am 11. August und 5. September ausgefallen.

IV. Ordnung der öffentlichen Prüfung
in der Dorotheenstädtischen Realschule.
Freitag, den 29. September 1871.
Vormittag von 9 bis 12½ Uhr.

Choral zur Eröffnung.
Mel.: Wie schön leucht't uns der Morgenstern.

Lass diesen Tag gesegnet sein,	Bewahre uns vor Heuchelei,
Der uns so freundlich ladet ein	Mach' unser Herz von Ehrsucht frei,
Zur ernsten Prüfungsstunde,	Schaff' demuthsvolle Seelen,
Herr, hilf, dass wir mit Freudigkeit	Umstrahle uns mit deinem Licht;
Zur Rechenschaft hier stehn bereit	Lass leuchten uns dein Angesicht
Und geben frohe Kunde.	Und lehr' uns dich erwählen.
Dass wir	Nur dir
Schon hier	Sei hier
Treue üben, herzlich lieben deinen Willen,	Lob und Danken ohne Schranken froh bewiesen;
Ihn mit Freuden stets erfüllen.	Ewig sei von uns gepriesen.

Sexta A. . . . . . . Latein . . . Lehrer Fettback.
Quinta B. . . . . . Religion . . Lehrer Feldner.
Quarta B. . . . . . Geometrie . Lehrer Dr. Gusserow.
Unter-Tertia Coet. A . Französisch . Lehrer Dr. Staedler.
Ober-Tertia Coet. B . Deutsch . . Oberlehrer Dr. Marthe.
Unter-Secunda Coet. A Englisch . . Lehrer Dr. Ulbrich.
Ober-Secunda . . . . Chemie . . Professor Dr. Schödler.
Rede des Primaners Lange in englischer Sprache.
Prima . . . . . . Mathematik . Oberlehrer Dr. Flohr.
Rede des Abiturienten Albert Hübner in deutscher Sprache.

Vorträge der ersten Gesangsklasse.

Weihnachtslied von Mich. Praetorius.

1. Es ist ein' Ros' entsprungen aus einer Wurzel zart; wie uns die Alten sungen, aus Jesse kam die Art und hat ein Blümlein bracht mitten im kalten Winter wohl zu der halben Nacht.

2. Das Röslein, das ich meine, davon Jesaias sagt, ist Maria, die Reine, die uns das Blümlein bracht; aus Gottes ew'gem Rath hat sie ein Kindlein g'boren und ist blieben ein' reine Magd.

3. Wir bitten dich von Herzen, du holdes Blümlein zart, das gar so grosse Schmerzen für uns empfunden hat; woll'st uns verhülflich sein, dass wir dir mögen machen ein' Wohnung hübsch und fein.

Chor aus dem Requiem von Mozart.

Lacrymosa dies illa, qua resurget ex favilla, judicandus homo reus. Huic ergo parce, Deus, pie Jesu Domine! Dona eis requiem! Amen.

Thränenvollster aller Tage, wenn empor sich hebt vom Staube sündenvoll die träge Menschheit. O dann, Weltenrichter! schone, lass sie dann vor deinem Throne Ruhe finden ewiglich! Amen.

Chor von Mendelssohn-Bartholdy.

Sehet, welch eine Liebe hat uns der Vater erzeiget, dass wir sollen Gottes Kinder heissen!

1. Nun danket alle Gott mit Herzen, Mund und Händen, der grosse Dinge thut an uns und aller Enden; der uns vom Mutterleib und Kindesbeinen an bis diesen Augenblick unzählig Gut's gethan.

Entlassung der Abiturienten durch den Director.

2. Der ewig reiche Gott woll' uns bei unserm Leben ein immer fröhlich Herz und edlen Frieden geben und uns in seiner Gnad' erhalten fort und fort und uns aus aller Noth erlösen hier und dort.
3. Lob, Ehr' und Preis sei Gott, dem Vater und dem Sohne und auch dem heil'gen Geist im hohen Himmelsthrone, dem dreieinigen Gott, als der im Anfang war und ist und bleiben wird jetzund und immerdar.

Nachmittags von 2½—4½ Uhr.

4te Vorschulklasse	Religionslehre	Lehrer Dörre.
3te „	Lesen	Lehrer Seidel.
2te „	Rechnen	Lehrer Lawitzky.
1te „	Deutsch	Lehrer Paul.
Sexta B.	Rechnen	Lehrer Müller II.
Quinta A.	Französisch	Lehrer Dr. Lindner.
Quarta A.	Latein	Lehrer Dr. Lange.
Unter-Tertia B.	Französisch	Lehrer Dr. Ligon.
Ober-Tertia A.	Englisch	Lehrer Dr. Weismann.

Zu dieser Prüfung habe ich die Ehre die vorgesetzten Königlichen und Städtischen Behörden, die Aeltern unserer Zöglinge, sowie alle Freunde und Gönner des Schulwesens gehorsamst und ehrerbietigst einzuladen.

Der Winter-Cursus beginnt den 16. October, an welchem Tage sämmtliche Schüler ihre Censuren, von den Aeltern oder Stellvertretern derselben unterschrieben, ihren Klassenordinarien vorzeigen müssen.

Zur Prüfung und Annahme neuer Schüler werde ich am 13. October in den Vormittagsstunden von 9—12 Uhr in meiner Amtswohnung, Georgenstrasse 23, bereit sein. Diejenigen Schüler, welche bereits andere Anstalten besucht haben, sind gehalten, die Abgangs-Zeugnisse von diesen bei der Aufnahme vorzulegen.

Es liegt nicht bloss im Interesse der Schule, sondern auch der geehrten Aeltern, welche der Anstalt ihre Söhne anvertrauen wollen, dass die Kinder in möglichst frühem Alter der Schule zugeführt werden, einerseits, weil es für die gründliche Ausbildung des Schülers vortheilhaft ist, wenn er vom ersten schulpflichtigen Alter an bis zu seinem Abgange von der Schule dieselbe Anstalt besucht, andererseits, weil bei der starken Frequenz der Schule nicht mit Sicherheit darauf gerechnet werden kann, dass die nachgesuchte Aufnahme wirklich erfolgt, wenn die Schüler mehrere Jahre hindurch eine andere Anstalt besuchen und dann in die Klassen Quinta, Quarta, Tertia oder Unter-Secunda aufgenommen zu werden wünschen.

V. Zur Nachricht.

Mit der Dorotheenstädtischen Realschule ist eine **Vorschule** verbunden, welche aus vier Klassen besteht. In die letzte Klasse derselben werden Knaben von dem ersten bildungsfähigen Alter, in der Regel vom 6. Jahre an, aufgenommen und erhalten in dieser und den drei nächst höheren Klassen die nöthige elementarische Vorbildung, welche sie befähigt, in die unterste Klasse einer Realschule oder eines Gymnasiums einzutreten. Die Realschule besteht aus 14 Klassen, von denen 6 Parallelklassen sind, und ist genau nach der unter dem 16. October 1859 erlassenen Unterrichts-Ordnung organisirt. Demgemäss umfassen die drei oberen Klassen Prima, Secunda und Tertia je einen zweijährigen, die drei unteren je einen einjährigen Cursus. Die Klassen Sexta und Quinta sind ganz wie Gymnasialklassen organisirt, so dass diejenigen Schüler, welche auf ein Gymnasium übergehen wollen, diesen Uebergang am zweckmässigsten bewerkstelligen, wenn sie den Cursus der Quinta vollendet haben.

Als Realschule erster Ordnung besitzt die Schule folgende Rechte: a) Ein Zeugniss der absolvirten Tertia befähigt zur Aufnahme in die obere Abtheilung der Königlichen Gärtner-Lehranstalt zu Potsdam. b) Ein Zeugniss über einen **einjährigen** Aufenthalt in Secunda befähigt zur Aufnahme für den einjährigen freiwilligen Militairdienst, jedoch nur unter unter der Bedingung, dass die betreffenden Schüler in dem Unterricht in allen Gegenständen Theil genommen, sich das Pensum der Klasse gut angeeignet und sich gut betragen haben. — Ein Secundaner-Zeugniss befähigt zur Aufnahme in das Königl. Musik-Institut in Berlin. — c) Ein Zeugniss der Reife für Prima befähigt die abgehenden Schüler 1) zum Civil-Supernumerariat bei den Provinzial-Civilverwaltungs-Behörden, 2) desgleichen zur Annahme als Civil-Aspiranten bei den Proviant-Aemtern, 3) als Civil-Eleven der Königl. Thierarzneischule in Berlin, 4) zum Bureaudienst bei der Bergwerks-Verwaltung. d) Ein Zeugniss aus Prima ist erforderlich 1) zur Zulassung zum Civil-Supernumerariat bei den Gerichts-Behörden, 2) zum Studium der Oeconomie auf den Königl. landwirthschaftlichen Lehr-Anstalten zu Poppelsdorf und Eldena. e) Ein Zeugniss über einen mindestens halbjährigen Aufenthalt in Prima ist Bedingung der Annahme 1) zum Supernumerariat bei der Verwaltung der indirecten Steuern und 2) zum Militair-Intendanturdienst. f) Ein Zeugniss über einen einjährigen Aufenthalt in Prima berechtigt zur Zulassung zur Abiturienten-Prüfung bei einer Provinzial-Gewerbeschule. g) Die mit dem Zeugniss der Reife versehenen Abiturienten der Realschulen erster Ordnung werden zu den höheren Studien 1) für den Staatsbaudienst und 2) das Bergfach zugelassen, und wenn sie mit Aussicht anf Avancement in die Armee eintreten wollen 3) von Ablegung der Portepeefähnrichs-Prüfung dispensirt. Sie werden ausserdem zugelassen 4) zur Eleven-Prüfung für die technischen Aemter der Berg-, Hütten- und Salineu-Verwaltung, 5) zum Eintritt in den Postdienst mit Aussicht auf Beförderung in die höheren Dienststellen,[1]) und sind befähigt zur Aufnahme 6) in die Königl. Forstlehranstalt in Neustadt-Eberswalde, 7) in das reitende Feldjäger-Corps, 8) in das Königl. Gewerbe-Institut. 9) Durch die Ministerial-Verfügung vom 7. December 1870, U. 25680[1] (s. oben S. 56), haben die Abiturienten der Realschulen das Recht erhalten, sich bei der philosophischen Facultät der Universität inscribiren zu lassen, und sollen nach Absolvirung eines academischen Trienniums zum Examen pro facultate docendi in den Fächern der Mathematik, der Naturwissenschaften und der neueren Sprachen zugelassen werden.

Um Irrungen und unnöthige Weitläufigkeiten zu vermeiden, erlaube ich mir schliesslich an folgende Bestimmungen zu erinnern:

In die Dorotheenstädtische Realschule werden nur solche Schüler aufgenommen, welche unter der Aufsicht ihrer Aeltern oder Vormünder oder anderer zur Erziehung junger Leute geeigneter Personen

---

[1]) **Anmerkung.** Nach dem Reglement vom 23. Mai 1871 über die Annahme und Anstellung im Postdienste können zwar ausnahmsweise (§. 2) auch solche Bewerber zugelassen werden, welche mindestens ein halbes Jahr lang an dem Unterrichte in allen Lehrgegenständen der Prima einer Realschule erster Ordnung mit Erfolg theilgenommen haben, dürfen aber (§. 11) zum Postsecretair-Examen nicht schon nach dreijähriger Dienstzeit, sondern erst um so viel später, als an dem zweijährigen Besuche der Prima fehlt, zugelassen werden.

stehen. Der Director ist berechtigt und verpflichtet, sich entweder selbst oder durch die Lehrer der Anstalt zu überzeugen, in welcher Weise für die Beaufsichtigung und häusliche Erziehung auswärtiger Schüler gesorgt ist, und bei Ermittelung von Uebelständen die sofortige Abstellung derselben zu verlangen. Von jedem Wohnungswechsel der Schüler ist dem Ordinarius der betreffenden Klasse Anzeige zu machen. Ein Schüler darf weder allein wohnen, noch in öffentlichen Restaurationen seine Kost nehmen. Neu eintretende Schüler, die schon eine andere Anstalt besucht haben, sind verpflichtet, bei ihrer Anmeldung dem Director ein Entlassungszeugniss der von ihnen besuchten Schule vorzulegen.

Wer die Schule verlassen will, muss dies vier Wochen vor seinem Abgange durch eine **schriftliche Erklärung seines Vaters oder Vormundes dem Ordinarius der Klasse** anzeigen. Wird diese Anzeige ganz unterlassen oder erst später gemacht, so sind die Aeltern, resp. deren Stellvertreter zur Zahlung des vollen Schulgeldes für das nächste Quartal verpflichtet. Die wirkliche Entlassung und das darüber ausgestellte Zeugniss kann nicht erfolgen, so lange der Schüler noch Schulgeld zu zahlen oder sonstige Obliegenheiten gegen die Schule zu erfüllen oder eine ihm zuerkannte Strafe abzubüssen hat. Das Schulgeld beträgt in allen Klassen mit Einschluss des Turngeldes 6 Thlr. 7$^1/_2$ Sgr. vierteljährlich und wird praenumerando in den ersten drei Tagen jedes Quartals an den Schulgeld-Receptor Herrn Paul gegen eine Quittung, die zur Vermeidung von Irrungen aufzubewahren ist, gezahlt. Auch diejenigen Schüler, welche in Folge längerer Krankheit einige Wochen den Unterricht versäumt haben, oder später eintreten, sind zur Zahlung des vollen Schulgeldes verpflichtet.

Der Schulgeld-Receptor ist verpflichtet, die eingegangenen Schulgelder spätestens am 15. des zweiten Monats im Quartal an die Stadt-Hauptkasse abzuführen. Die geehrten Aeltern werden dringend ersucht, die Zahlungs-Termine einzuhalten, da schriftliche Aufforderungen nicht mehr erfolgen werden. Wer die rechtzeitige Zahlung unterlassen, hat sich die dann eintretende executivische Einziehung des Schulgeldes selbst zuzuschreiben.

Das Schulgeld wird erlassen, wenn ein Schüler wegen nachgewiesener Krankheit ein ganzes Vierteljahr hindurch die Schule hat versäumen müssen, oder wenn dem Director der Anstalt eine ein volles Vierteljahr dauernde Abwesenheit eines Schülers von Berlin vorher schriftlich angezeigt worden ist. Wenn weniger bemittelte Aeltern bei Krankheiten der Schüler, welche einen vollen Kalendermonat währen, den Erlass des Schulgeldes wünschen, so muss diese Vergünstigung bei dem **Magistrat** nachgesucht werden. Gesuche um Gewährung oder Verlängerung des freien Unterrichts müssen an den Magistrat adressirt, aber unversiegelt in der ersten Woche des März oder des September dem Director eingereicht werden.

In Hinsicht auf die **Berechtigung zum einjährigen Militairdienst** sind folgende Verfügungen in Erinnerung zu bringen.

Ministerium des Innern und Kriegs-Ministerium. Erlass vom 28. Januar 1860.

„Nach dem §. 131 sub 1 b der Ersatz-Instruction vom 9. December 1858 und 22. September 1860 müssen diejenigen Schüler Preussischer Gymnasien, des Real-Gymnasiums und der Realschulen erster Ordnung, welche auf die Zulassung zum einjährigen freiwilligen Militairdienst Anspruch machen wollen, bei mindestens einjährigem Besuch der Secunda an allen Unterrichts-Gegenständen Theil genommen haben. Die Zeugnisse, welche die Tüchtigkeit des Schülers für die Secunda-Klasse aussprechen, müssen auf Beschluss einer Lehrer-Conferenz ausgestellt werden. Die Anmeldung bei der Königl. Ersatz-Commission darf nicht vor zurückgelegtem 17. Lebensjahr und nicht nach dem 1. Februar desjenigen Kalenderjahres erfolgen, in welchem das 20. Lebensjahr zurückgelegt wird. Bis zum 1. April des gedachten Jahres muss der Nachweis der Berechtigung geführt sein."

In der Verfügung des Königlichen Schul-Collegiums vom 13. November 1861, betreffend den einjährigen freiwilligen Militairdienst, ist auf's Neue eingeschärft, „dass die Versetzung nach Secunda mit Strenge und ohne Rücksicht auf den gewählten künftigen Beruf des Schülers vorzunehmen sei, und ausserdem angeordnet, dass in Zukunft die Abgangszeugnisse für die nach dem ersten halben Jahre aus Secunda Abgehenden jedesmal von der Lehrer-Conferenz festgesetzt werden sollen, und dass darin ausdrücklich zu bemerken sei, ob der betreffende Schüler sich das bezügliche Pensum der Secunda gut angeeignet und sich gut betragen habe. Abgangszeugnisse, welche sich über den Stand der erworbenen Kenntnisse, sowie über Fleiss und Betragen ungünstig aussprechen, werden nach den dieserhalb höheren Orts getroffenen Bestimmungen von der Departements-Prüfungs-Commission nicht als genügend angesehen werden, und ist in diesen Fällen die Berechtigung zum einjährigen freiwilligen Militairdienst von dem Ausfall einer nachträglich zu bestehenden Prüfung vor der Commission abhängig."

Diese Bestimmungen werden durch eine Ministerial-Verfügung vom 21. Decbr. 1863 in folgender Weise näher declarirt:

„Es kam darauf an, der Meinung entgegen zu wirken, als genüge ein einjähriger Aufenthalt in der Secunda an und für sich, um ein Qualificationszeugniss für den einjährig freiwilligen Militairdienst zu erlangen. Die Erwerbung eines solchen Attestes sollte vielmehr von dem ernsten Bemühen, allen Anforderungen der Schule auch nach der Versetzung in die Secunda zu genügen, abhängig gemacht werden. In dieser Beziehung den richtigen Massstab anzulegen, ist Sache des gewissenhaften und pädagogischen Urtheils der Lehrerconferenz.

Die Bestimmung, dass derartige Zeugnisse von der Lehrerconferenz festzustellen sind, gilt auch für die Fälle, wo die betreffenden jungen Leute nach einem längeren als halbjährigen Aufenthalt aus der Secunda abgehen. Hinsichtlich derjenigen, welche erst in der Secunda Schüler einer Anstalt geworden sind, und bei denen die Vermuthung nahe liegt, dass es ihnen lediglich um das Berechtigungsattest zu thun ist, bedarf es besonderer Aufmerksamkeit darauf, ob sie beim Abgange den von Seiten der Schule zu stellenden Anforderungen wirklich genügen. Ist dies zweifelhaft, so wird zu erwägen sein, ob nicht durch eine besondere Prüfung der Stand der Kenntnisse des Abgehenden zu ermitteln ist.

Eine vorzeitige Versetzung solcher Schüler, die aus gleicher Veranlassung erst in Tertia eingetreten sind, wird die den Directoren wiederholt zur Pflicht gemachte Strenge der Beurtheilung bei dem Uebergange von Tertia nach Secunda leicht verhüten können."

Tit. II. V. d. K. S. C. vom 20. Juli 1868. Die Militair-Ersatz-Instruction vom 26. März 1868 enthält folgende Bestimmungen:

§. 151. Die Berechtigung zum einjährigen freiwilligen Dienst darf nicht vor vollendetem 17. Lebensjahre und muss bei Verlust des Anrechts spätestens bis zum 1. Februar des Kalenderjahres nachgesucht werden, in welchem das 20. Lebensjahr vollendet wird.

§. 152. Wer die Berechtigung nachsuchen will, hat sich schriftlich bei der Prüfungs-Commission für den einjährigen Dienst zu melden. Der Meldung sind beizufügen:
  a) ein Geburtszeugniss (Taufschein);
  b) ein Einwilligungsattest des Vaters (Vormundes);
  c) ein Unbescholtenheitszeugniss, welches für Zöglinge der höheren Schulen von dem Director auszustellen ist.

§. 153. Der Nachweis der wissenschaftlichen Qualification zum einjährigen Dienst ist vor dem 1. April desjenigen Kalenderjahres zur erbringen, in welchem der Betreffende das 20. Lebensjahr vollendet.

§. 154. Wer seine wissenschaftliche Qualification durch Schulzeugnisse nachweist, ist von der persönlichen Gestellung vor die Prüfungs-Commission entbunden.

Den Nachweis der wissenschaftlichen Qualification durch Atteste können nur führen:
  a) diejenigen, welche von einem norddeutschen Gymnasium mit dem vorschriftsmässigen Zeugniss der Reife für die Universität versehen sind;
  b) die Schüler der als vollberechtigt anerkannten norddeutschen Gymnasien und Realschulen erster Ordnung aus den beiden obersten Klassen, die Secundaner jedoch nur, wenn sie mindestens ein Jahr der Klasse angehört, an allen Unterrichtsgegenständen Theil genommen, sich das Pensum der Unter-Secunda gut angeeignet und sich gut betragen haben.

12. November 1868. Zeugnisse „behufs der Meldung zum einjährigen freiwilligen Militairdienst" sind von den höheren Schulanstalten nur dann auszustellen, wenn die Lehrer-Conferenz der Ansicht ist, dass die vorschriftsmässigen Bedingungen dazu erfüllt sind. In allen anderen Fällen ist abgehenden Schülern ein gewöhnliches Abgangszeugniss zu ertheilen, das über die Qualification zum einjährigen Dienst kein Urtheil enthält.

Ueber den Privat-Unterricht, der Schülern der Anstalt ertheilt werden soll, spricht sich eine Verfugung des K. S. C. d. P. B. vom 18. Mai 1854 in folgender Weise aus:

„*Wird bei der Aufnahme und Versetzung der Schüler mit gewissenhafter Strenge verfahren und ist der Unterricht überhaupt wohl geordnet, so kann das Bedürfniss der Privathülfe nur in ausserordentlichen Fällen vorkommen; ob solche vorhanden sind, ist nicht ohne Mitwirkung des Directors der Anstalt zu entscheiden, da er eben so wohl darauf zu sehen hat, dass der Klassen-Unterricht seinen Zweck an den Schülern erreiche, wie darauf, dass diese die rechte Empfänglichkeit für denselben behalten.*"

Welche Fehlgriffe in dieser Beziehung gemacht werden, geht aus dem Umstande hervor, dass manche Schüler ausser den Schulstunden noch 6—8, ja 12 Privatstunden wöchentlich haben. Wie nachtheilig eine solche Verwendung der Zeit für die körperliche und geistige Entwickelung der betreffenden Schüler sein muss, bedarf keiner Auseinandersetzung. Manche Aeltern bringen pecuniäre Opfer, weil sie der Ansicht sind, dass die sogenannten Nachhilfestunden ihren Kindern nützen, während sie denselben in den meisten Fällen dadurch einen grossen Schaden zufügen.

Den Schülern ist der Besuch von Conditoreien und anderen ähnlichen Localen ohne Begleitung ihrer Angehörigen nicht gestattet. Das Zuwiderhandeln gegen das Verbot hat die Entfernung von der Schule zur Folge.

Den Schülern ist es nicht erlaubt, vor der festgesetzten Zeit in der Schule zu erscheinen, oder in der Nähe derselben sich aufzuhalten. Das Oeffnen des Schulhauses kann nicht früher als 10 Minuten vor dem gesetzmässigen Anfang erfolgen, und werden deshalb die geehrten Aeltern dringend ersucht, ihre Söhne so von Hause zu entlassen, dass sie frühestens 10 Minuten vor dem wirklichen Anfang auf ihren Plätzen sich einfinden können. Da der Unterricht selbst erst 10 Minuten nach dem Vollschlage beginnt, so haben die Schüler einen Spielraum von 20 Minuten zum Sammeln, der selbst für die grössten Entfernungen ausreichend ist. Alle Nachtheile (Bestrafung, Erkältung u. s. w.), die aus dem Zuwiderhandeln gegen diese unerlässliche Anordnung entspringen, und die Schüler betreffen können, weis't die Schule von sich zurück; die Aeltern und Angehörigen haben sie durch eigene Schuld herbeigeführt.

Dr. Kleiber, Director.